Historia de Estados Unidos

Descubra las historias perdidas de Norteamérica

Índice

Introducción

La historia se percibe a menudo a través de una lente de sesgo y narración selectiva. Es una historia amplia y compleja compuesta por innumerables acontecimientos, personalidades y decisiones que conforman nuestro presente y nuestro futuro. Sin embargo, muchos de estos episodios permanecen ocultos al discurso dominante, y rara vez se abren camino en los libros de texto o los medios de comunicación modernos. Este libro pretende desenterrar algunos de estos episodios pasados por alto, proporcionando a los lectores una nueva perspectiva de la rica y diversa historia de Estados Unidos.

El propósito de este libro no es simplemente relatar acontecimientos históricos, sino también arrojar luz sobre las historias que han quedado eclipsadas por relatos más destacados. Desde las sociedades secretas que influyeron en los Padres Fundadores hasta los héroes anónimos del Ferrocarril subterráneo, desde las tácticas engañosas del Ejército Fantasma hasta la valiente resistencia de los líderes nativos americanos, esta colección de relatos pretende cautivar y educar. Cada capítulo es un viaje al pasado, que ofrece una visión única de los acontecimientos y las figuras que desempeñaron papeles cruciales en la formación de la nación y que, sin embargo, siguen siendo relativamente desconocidos.

Lo que diferencia a *La historia no contada de Estados Unidos* de otros relatos históricos es su enfoque en lo extraordinario y lo menos conocido. Este libro no pretende sustituir los trillados caminos de la historia popular, sino complementarlos con nuevas perspectivas y relatos intrigantes. Al adentrarse en estos capítulos ocultos, los lectores pueden obtener una comprensión más completa de la historia estadounidense, apreciando la complejidad y diversidad de las experiencias que han contribuido al desarrollo del país.

Uno de los mayores beneficios de explorar la historia, especialmente sus facetas menos populares, es la oportunidad de ver el mundo con otros ojos. Nos permite cuestionar las narrativas establecidas, desafiar nuestras suposiciones y apreciar la naturaleza polifacética de la experiencia humana. Esta perspectiva más amplia no sólo es intelectualmente enriquecedora, sino que también fomenta un sentido más profundo de empatía y conexión con nuestro pasado común.

Descubrirá un tesoro de historias fascinantes que ponen de relieve la resistencia, el ingenio y el valor de individuos y grupos que a menudo han sido olvidados. Estas narraciones proporcionan valiosas lecciones y percepciones, recordándonos que la historia no es un relato monolítico, sino un mosaico de voces y experiencias diversas. Al sacar a la luz estas historias, podemos honrar las contribuciones de aquellos que han sido marginados en los relatos históricos e inspirarnos para profundizar en las complejidades del pasado.

La belleza de este libro reside en su capacidad para satisfacer una amplia gama de intereses. Tanto si le atraen los misterios de la colonia perdida de Roanoke, la valentía de las mujeres que domaron el viejo Oeste, las rarezas del emperador Norton o la peculiar tragedia de la gran inundación de melaza de Boston, aquí hay algo para todos. Cada capítulo es independiente, lo que permite al lector explorar los temas que más despierten su interés. Esta flexibilidad garantiza que pueda dedicarse al libro de una forma que resuene con usted, ya sea leyéndolo de principio a fin o sumergiéndose en capítulos específicos.

Ahora, deje que estas páginas le transporten a una época y un lugar diferentes, revelándole las profundidades ocultas de la experiencia estadounidense.

Capítulo 1 - Las sociedades secretas al descubierto

En el ocaso de los primeros años de Estados Unidos, cuando la nación daba sus primeros pasos para crecer y desarrollar su identidad, existía un tipo de poder diferente, un poder que se movía sin ser visto, susurrando por los pasillos de la influencia. Éste era el mundo de las sociedades secretas, grupos enigmáticos envueltos en el misterio y la sombra, cuya influencia a menudo se extendía mucho más allá de la mirada pública.

Era una época de grandes cambios y agitación. La guerra de la Independencia había dado origen a una nueva nación y, con ella, a un nuevo conjunto de ideales y desafíos. En medio de este panorama de incertidumbre, surgieron las sociedades secretas, que ofrecían un sentido de pertenencia y finalidad a quienes buscaban algo más. Estas sociedades, a menudo envueltas en rituales y simbolismo, prometían a sus miembros no sólo camaradería, sino también la oportunidad de ejercer una influencia significativa entre bastidores.

Imagine una habitación poco iluminada escondida en el desván de una mansión colonial. Un grupo de hombres vestidos con ropas finas pero discretas se reúnen en torno a una larga mesa de roble. En la cabecera de la mesa, una figura de pie, con el rostro parcialmente oscurecido por la vacilante luz de las velas. Levanta una copa y los demás le siguen, sus ojos reflejan reverencia y expectación. Esta escena corresponde a una reunión de la masonería, considerada hoy como una de las sociedades secretas más conocidas.

Con sus raíces en los gremios de canteros de la Europa medieval, la masonería ganó popularidad en las colonias estadounidenses con bastante rapidez. Su atractivo residía en la promesa de ascender en la posición personal a través de una red de conexiones influyentes. Para muchos, no era simplemente una fraternidad, sino también una vía hacia el poder.

No es sorprendente que entre los que participaban en estas reuniones secretas hubiera figuras prominentes de los siglos XVIII y XIX. George Washington, Benjamin Franklin y Paul Revere fueron algunos de los nombres asociados a menudo con los masones. A pesar de ser ya poderosos por derecho propio, se pensaba que se sentían atraídos por los ideales de hermandad y ayuda mutua de la sociedad. Pero, por supuesto, dejando a un lado estas nobles aspiraciones, su implicación tenía en realidad una razón más pragmática: la influencia.

Sin embargo, los masones no fueron la única sociedad controvertida que existió. Algunos pueden estar familiarizados con la Orden de los Iluminados o Illuminati, mientras que otros han oído hablar de los Caballeros del Círculo Dorado. Cada una de estas misteriosas sociedades tenía sus propios rituales y una jerarquía de miembros. Algunas incluso tenían apretones de manos secretos. Estas sociedades operaban en la sombra, y sus reuniones solían celebrarse en lugares apartados. Sus discusiones, por otra parte, se desarrollaban a menudo en clave.

La razón por la que los hombres elegían unirse a estas sociedades era polifacética. Algunos lo hacían sólo para sentir una sensación de exclusividad y la emoción de pertenecer a un mundo secreto y misterioso. Otros, sin embargo, buscaban asegurarse los beneficios que conllevaba la afiliación. A menudo tenían sus ojos puestos en el acceso a contactos influyentes, oportunidades para maniobrar políticamente y, por supuesto, la rara capacidad de moldear el curso de los acontecimientos como ellos querían sin tener que salir de las sombras.

Por tanto, a medida que Estados Unidos crecía y florecía, también lo hacía el alcance de estas sociedades secretas. Su influencia podía sentirse en todo el país. Desde la sala del Congreso hasta la redacción de la Constitución y las florecientes instituciones financieras que habían echado raíces en la nueva nación. Estas sociedades secretas eran las manos invisibles que guiaban las numerosas palancas del poder. Aparte de los propios miembros, sólo aquellos lo suficientemente curiosos y atentos se percataban de su presencia.

Aunque estas sociedades intentaban guardar sus secretos, no eran inmunes al escrutinio. Aquellos lo suficientemente curiosos y atentos no dudaban en ir a investigar. Pronto, los rumores y las conspiraciones corrieron como la pólvora, pintando a las sociedades como titiriteros orquestando grandes planes. Sin embargo, los rumores se definen como verdades incuestionables. Aún se desconoce si las historias de estas sociedades secretas -o parte de ellas, al menos- encierran algo de verdad.

Aunque el centro de atención de las sociedades secretas suele estar dominado por los masones, comencemos nuestro viaje aventurándonos en los pasillos menos iluminados. La primera sociedad secreta de la que hablaremos es la conocida como Sociedad de Cincinnati, fundada por oficiales del Ejército Continental, entre ellos el mismísimo George Washington.

El nacimiento de la Sociedad de Cincinnati

Esta historia en particular nos lleva al año 1783. La batalla por la independencia, que hoy conocemos como la Revolución de Estados Unidos, había hecho estragos durante ocho años, y por fin había terminado. Aunque la paz era claramente alcanzable, no todos pudieron dormir tranquilos. Los soldados y oficiales que antes habían marchado y luchado en innumerables batallas se encontraban ahora en una encrucijada. Tenían un objetivo durante la guerra, pero ahora su futuro era incierto. Estos soldados habían creado un vínculo, uno que los ajenos al ejército nunca entenderían. Pero incluso estos lazos parecían desvanecerse tras la firma del tratado de paz.

Los soldados y oficiales de guerra sabían que tenían que hacer algo. Fue en medio de este episodio de incertidumbre cuando una figura se hizo oír. Reunido en una modesta tienda cerca del río Hudson, el general de división Henry Know se volvió hacia sus hombres, con los que había compartido las pruebas de la batalla. Sabía que su conexión no debía perderse.

"Debemos esforzarnos al máximo para preservar los ideales por los que luchamos", se dirigió con firmeza a la pequeña asamblea. "Así pues, formemos una sociedad. Una que tenga la capacidad de mantener viva nuestra hermandad".

Y así, la nación fue testigo del nacimiento de la Sociedad de Cincinnati. Lleva el nombre de un dictador romano, Lucio Quincio Cincinato, conocido por su victoria contra los ecuos, una tribu itálica vecina. A pesar de haber recibido el cargo de dictador, Cincinato tomó una decisión audaz después de la guerra. Renunció a su cargo y regresó al campo. Aquí, se ocupó de su granja y vivió una vida sencilla, tal y como había hecho antes de ser llamado a luchar. Su historia simbolizaba las virtudes de servicio y humildad que el ejército estadounidense aspiraba a mantener.

Entonces, cuando el verano se apoderó de la ciudad, los miembros fundadores de la Sociedad de Cincinnati se reunieron en la Casa Verplanck en Fishkill, Nueva York. Allí firmaron unos estatutos que definían su misión, que consistía en mantener la camaradería y los ideales de la guerra de la Independencia. Los miembros de la sociedad debían apoyarse mutuamente en tiempos de necesidad. Una vez aclarada su misión, llegó el momento de elegir al primer presidente de la sociedad. Este cargo recayó nada menos que en George Washington. Henry Knox tomó la responsabilidad de ser el principal autor de la constitución de la sociedad.

La casa Verplanck, conocida hoy como Monte Gulian[1]

La sociedad tenía su propia insignia, en la que figuraba un águila calva suspendida de una cinta azul y blanca. Esta imagen fue elegida como símbolo de su servicio y compromiso compartidos.

Por supuesto, la noticia de la fundación de la sociedad creció rápidamente. Llegó a oídos de muchos oficiales de toda la creciente nación. En la primera década, la sociedad acogía a más de dos mil oficiales. Sin embargo, a diferencia de los infames masones o incluso del Club del Fuego Infernal (del que se hablará más adelante), las reuniones de la Sociedad de Cincinnati solían estar llenas de asuntos animados. Los miembros compartían entre sí historias de batallas pasadas y discutían sobre el futuro. Fue a través de esta sociedad en particular que los soldados revolucionarios pudieron mantener el espíritu de la Revolución estadounidense.

La insignia de la Sociedad de Cincinnati[1]

Sin embargo, no todo el mundo era aficionado a la sociedad. El requisito de ser miembro se transmitía a los descendientes varones de mayor edad de los oficiales de la sociedad. Esta membresía hereditaria provocó una tormenta de controversias, que finalmente atrajo la atención de varios críticos prominentes, como Thomas Jefferson y John Adams. Su temor era que la sociedad se convirtiera en una aristocracia, lo que pensaban que tarde o temprano socavaría los principios de igualdad y democracia por los que habían luchado durante tanto tiempo.

Más tarde, circularon por toda la nación panfletos y artículos que tachaban a la Sociedad de Cincinnati de amenaza para la república. A los miembros fundadores no les quedó más remedio que dar la cara y defender sus intenciones. Hicieron hincapié ante el público en que la membresía hereditaria tenía por objeto honrar y preservar la memoria de su servicio. No querían crear una clase privilegiada. El público cambió de opinión después; estaba claro que la sociedad no suponía ninguna amenaza para su libertad. Sin embargo, es casi imposible suprimir por completo los rumores. Las sospechas seguían en el aire y de vez en cuando se producían debates.

Aunque la sociedad tuvo su parte justa de críticos, es difícil desestimar sus importantes contribuciones, especialmente cuando se trataba de defender los derechos de los veteranos. Los que habían servido en la guerra eran a menudo desatendidos por el gobierno cuando la paz estaba al alcance de la mano. Esto dejaba a soldados y oficiales en una situación desesperada. La Sociedad de Cincinnati presionó para conseguir pensiones y concesiones de tierras, asegurándose de que los veteranos pudieran recibir el reconocimiento y el apoyo que merecían.

La sociedad no sólo atrajo una atención muy necesaria sobre la difícil situación de aquellos que tanto se habían sacrificado por su país, sino que también consiguió forjar y reforzar los lazos de hermandad entre los veteranos y los miembros de la sociedad. En pocas palabras, la existencia de la Sociedad de Cincinnati supuso un salvavidas para muchos, ya que ofrecía tanto ayuda práctica a los necesitados como un sentimiento de solidaridad.

Sin embargo, no todo está destinado a durar para siempre. El protagonismo de la sociedad decayó gradualmente a principios del siglo XIX. Desde entonces hasta mediados del siglo XIX, el número de sus miembros había descendido enormemente, a menos de trescientos, lo cual es un descenso muy pronunciado si se tiene en cuenta que la sociedad contaba con más de dos mil miembros en la primera década tras su creación.

El Club del Fuego Infernal y Benjamin Franklin

Parecía un día cualquiera en la finca de West Wycombe. Pero no se podía decir lo mismo de lo que ocurría bajo la finca. En los túneles bajo la finca, en plena noche, había un grupo de hombres caminando lentamente. Cada uno de ellos llevaba una túnica, del tipo que suelen llevar los monjes. No pronunciaban palabra alguna. Estos hombres también llevaban máscaras para ocultar su identidad. Junto a ellos caminaba un grupo de mujeres vestidas de monjas. Uno podría pensar que se trataba de una escena de devoción religiosa o de una reunión de figuras religiosas. En realidad era todo lo contrario; estas personas eran miembros del Club del Fuego Infernal, una sociedad que se cree que nació de los placeres carnales y los rituales realizados para burlarse de los fundamentos mismos de las creencias religiosas.

El Club del Fuego Infernal se remonta a Inglaterra. Comenzó con Philip, duque de Wharton, en 1718. Aparte de ser un poderoso político jacobita (partidario del depuesto Jacobo II y de sus descendientes en su intento de recuperar el trono británico), el duque de Wharton también era conocido como escritor y gran maestre de la primera Gran Logia de Inglaterra (un alto cargo en la masonería). Ejerció una enorme influencia y prosperó en múltiples carreras. Pero el duque tenía otra vida entre bastidores. No sólo era un notorio borracho, sino que también ganó popularidad como alborotador, infiel y "libertino" (término utilizado para describir a un hombre de hábitos inmorales).

Teniendo en cuenta el hecho de que Philip favorecía el libertinaje, tal vez no deba sorprendernos que su Club del Fuego Infernal fuera una organización exclusiva para libertinos de la alta sociedad. El motivo de la creación del club era simple: escandalizar y ridiculizar las creencias religiosas. Los miembros realizaban simulacros de ceremonias religiosas y otras actividades escandalosas y sacrílegas. Se ha dicho que durante estas ceremonias religiosas simuladas, se podía ver al supuesto presidente del club representando nada menos que al mismísimo diablo.

Por suerte, el Club del Fuego Infernal no existió demasiado tiempo; después de todo, sus reuniones eran una afrenta directa al tejido moral de la sociedad. Esto se debió en gran parte a los enemigos de Philip en el Parlamento. Impulsados por intrigas políticas y posiblemente por el deseo de ver la caída del duque, los miembros del Parlamento atacaron directamente al Club del Fuego Infernal, en particular sus actividades inmorales. Se aprobó una ley contra la maldad horrible que acabó provocando numerosas investigaciones sobre el club. Philip se enfrentó a una inmensa presión y se vio obligado a dimitir del Parlamento. El duque se derrumbó bajo el peso de la condena pública. Y así, se hizo oficial la disolución del Club de Fuego Infernal.

Por supuesto, esto no fue lo último del Club de Fuego Infernal. En 1746, otra figura revivió la notoria sociedad.

El responsable del renacimiento de este escandaloso club fue Francis Dashwood. Descrito por muchos como un hombre carismático, Dashwood se convirtió en uno de los caballeros más ricos de Inglaterra gracias a la herencia dejada por su padre. Con sólo quince años, Dashwood obtuvo los títulos de su padre, así como la finca de West Wycombe. Con esta nueva fortuna, pudo viajar durante muchos años. Se cree que Italia se convirtió en uno de sus destinos favoritos. Se interesó profundamente por el arte y la cultura de la antigüedad clásica. Aunque Dashwood adquirió una nueva serie de intereses, también desarrolló un nuevo comportamiento. Dashwood mostró abiertamente su desdén por las costumbres religiosas y sus acciones irreverentes llamaron la atención de muchos. Debido a ello, fue expulsado de los Estados Pontificios.

En lugar de aprender la lección, sus sentimientos antirreligiosos crecieron hasta el punto de planear la creación de un club para los que eran como él. A su regreso a Inglaterra en 1746, Dashwood reunió a un grupo de adinerados buscadores de placer en el *pub* George and Vulture de Londres, que sigue funcionando hoy en día. Estos hombres fueron los primeros miembros del Club del Fuego Infernal de Dashwood. Inicialmente, el club tenía un nombre más largo: la Orden de los Caballeros de San Francisco. Para mantener la discreción del club, había pocos miembros. Irónicamente, eran doce, un guiño a la numerología cristiana.

Al igual que su predecesor, el club de Dashwood se deleitaba con actividades satíricas anticristianas. Por supuesto, este tipo de actividades no podían realizarse en público. Así que Dashwood recurrió a las ruinas de la abadía de Medmenham. Contrató a un arquitecto, Nicholas Revett, para que le ayudara a restaurar las ruinas. Una vez terminada, la abadía de Medmenham se convirtió en la sede del club. El lema de la abadía, "Fais ce que tu voudras" ("Haz lo que quieras"), encapsulaba la filosofía de libertad hedonista del club. Los miembros del Club del Fuego Infernal se vestían con atuendos religiosos simulados y disfrutaban de un estilo de vida libertino. Celebraban banquetes, bebían alcohol como si no hubiera un mañana y realizaban simulacros de ceremonias religiosas. Los miembros también se entregaban supuestamente a la magia negra y a rituales satánicos. Estas afirmaciones, sin embargo, nunca han sido confirmadas.

Abadía de Medmenham[a]

Dashwood y sus socios pronto trasladaron las actividades del club a las cuevas de West Wycombe. Esta red de cavernas artificiales estaba situada justo debajo de la finca de Dashwood. Uno sólo puede imaginar qué tipo de actividades y ceremonias inmorales se celebraban aquí. En una de las cámaras había una figura de cera de un amigo íntimo de Dashwood, el secretario del club, Paul Whitehead. Justo al lado había una urna, que muchos creen que contenía el corazón de Whitehead, que fue extraído tras su muerte.

El túnel de las cuevas del Infierno[4]

Adentrándose más en la red de cuevas, uno se encontraba con la "Gran sala". Esta sala en forma de colmena es fácilmente reconocible por sus marcas negras en las paredes, resultado del aceite arrojado y prendido fuego durante las reuniones. Este fuego no se utilizaba para ningún ritual específico; actuaba más bien como una lámpara. En esta sala se celebraban a menudo reuniones sociales. Dentro de esta sala había también un conjunto de alcobas. En cada una de las alcobas había camas, todas ellas ocultas tras pequeñas barandillas con cortinas. Debajo de estas alcobas, se podían encontrar grabados lineales, que eran marcas de conteo de las conquistas sexuales realizadas por cada miembro del club.

Una de las características más populares de las cuevas es un río falso. Pretendía representar el río Estigia de la mitología griega, que separa la Tierra del Inframundo. Al otro lado de este río se encontraba el "Templo interior". Esta pequeña sala circular se construyó a propósito directamente debajo de la iglesia de San Lorenzo de West Wycombe. Aquí, justo debajo del altar de la iglesia, los miembros celebraban sus rituales más secretos y transgresores.

Ahora bien, algunos se preguntarán qué tiene que ver el Club del Fuego Infernal con la historia estadounidense. Bueno, su influencia directa en la historia estadounidense es limitada, pero el depravado club tenía conexiones con un Padre Fundador: Benjamin Franklin.

Franklin era amigo íntimo de Dashwood y se cree que asistió a reuniones del Club del Fuego Infernal durante su estancia en Inglaterra. Sin embargo, es importante señalar que, aunque Franklin pudo haber sido miembro del infame club, eso era prácticamente todo: no existía ninguna rama del Club del Fuego Infernal en Estados Unidos. No obstante, la conexión del club con Benjamin Franklin proporciona un vínculo intrigante y menos conocido entre los círculos intelectuales europeos y la Ilustración estadounidense. El espíritu del club de cuestionar y desafiar las normas establecidas se hacía eco de las ideas revolucionarias que estaban arraigando en las colonias estadounidenses.

El Club del Fuego Infernal decayó en la década posterior a su fundación. Llegó a su fin a principios de la década de 1760. Esto se debió posiblemente al aumento de las obligaciones y responsabilidades de Dashwood en la sociedad. A día de hoy, nadie puede probar con exactitud qué actividades realizaba el club. Nunca se encontraron registros, en gran parte debido a Paul Whitehead. Se dice que, antes de su muerte, el secretario ordenó que los registros del club se redujeran a cenizas. Sus actividades quedarán para siempre envueltas en el misterio.

La Mística Orden de la Rosa-Cruz

Pasando del inquietante Club del Fuego del Infierno, exploraremos un movimiento bastante diferente de principios del siglo XVII. Conocido como Rosacrucismo, este movimiento místico y filosófico está vinculado a Christian Rosenkreuz. Sin embargo, a menudo se le considera un personaje de ficción más que una figura histórica. Según los escritos de Johann Valentin Andreae, teólogo luterano del siglo XVII, se dice que Rosenkreuz nació en 1378 y vivió 106 años.

Su leyenda habla de viajes a Oriente Medio y al norte de África en busca de sabiduría esotérica. Tras regresar a Alemania en 1403, se dice que fundó la Orden Rosacruz y construyó un santuario en 1409, donde posteriormente fue enterrado a su muerte en 1484. El descubrimiento de su tumba 120 años más tarde fue supuestamente el acontecimiento que condujo a la revelación pública de la existencia de la orden.

El rosacrucismo salió a la luz con la publicación de los manifiestos denominados *Fama Fraternitatis* y la *Confessio Fraternitatis*. En ellos se describe la existencia de una sociedad secreta de alquimistas y sabios que se dedicaban a la búsqueda del conocimiento oculto y la verdad espiritual. También a través de estos textos se pueden encontrar los principios y objetivos de la hermandad rosacruz. Dado que el rosacrucismo mezcla elementos del misticismo, la alquimia, el hermetismo y el cristianismo esotérico, estos escritos parecen ser un llamamiento a la reforma de la ciencia, la religión y la sociedad.

Aunque el rosacrucismo experimentó un dramático declive en el siglo XVIII, acabó encontrando un terreno fértil en la Norteamérica temprana. Era una época en la que se valoraba mucho la búsqueda de nuevos conocimientos y la búsqueda de la ilustración. Por ello, el énfasis del movimiento en la sabiduría y la transformación espiritual encontró una base sólida entre muchos pensadores estadounidenses. Se sintieron atraídos por la promesa del movimiento de una comprensión más profunda y una iluminación personal. Cuando se produjo un resurgimiento general del ocultismo en Europa y Estados Unidos en algún momento del siglo XIX, nacieron nuevas sociedades rosacruces.

La primera de ellas en Estados Unidos fue la Fraternidad Rosacruz, establecida en San Francisco en 1858 por Pascal Beverly Randolph, un espiritualista y abolicionista estadounidense. Randolph desempeñó un papel importante en la introducción de los ideales rosacruces en Estados Unidos. Combinó estos ideales con sus prácticas espiritistas y sus puntos de vista sociales progresistas. De la masonería surgieron otros grupos, como la Societas Rosicruciana, fundada en Inglaterra en 1866, y la Societas Rosicruciana in Civitatibus Foederatis, establecida en Estados Unidos en 1880. Mezcladas con las tradiciones masónicas, todas estas organizaciones siguieron promoviendo los principios rosacruces.

Sin embargo, los grupos rosacruces modernos de mayor éxito surgieron en el siglo XX. Uno de ellos, la Antigua y Mística Orden de la Rosa-Cruz (AMORC), fue fundada en Nueva York en 1915 por Harvey Spencer Lewis. Lewis dijo que había aprendido las enseñanzas de los rosacruces europeos y atrajo a nuevos miembros ofreciendo sus lecciones por correo. Creía que Egipto era la cuna de la sabiduría rosacruz y ayudó a financiar un conocido museo egipcio en la sede del grupo en San José, California.

Los ideales del rosacrucismo, como el cambio individual y la libertad intelectual, encontraron un público receptivo en Estados Unidos cuando la nueva nación luchaba por definirse. Los primeros intelectuales estadounidenses también se sintieron atraídos por el secretismo del movimiento porque creían en la idea de un círculo interno de iluminados que gobernaban la sociedad.

La síntesis de misticismo y racionalismo del rosacrucismo reflejaba la naturaleza dual de la Ilustración estadounidense. Emparejaba la creencia en la razón y la ciencia empírica con una apertura a la exploración espiritual y metafísica. Esta combinación de ideas contribuyó a desarrollar el ambiente intelectual de la Norteamérica temprana, que valoraba tanto la investigación científica como el crecimiento espiritual.

Los ideales del rosacrucismo siguen siendo promovidos hoy en día por grupos como la AMORC y la Fraternidad Rosacruz, que ponen un fuerte énfasis en el crecimiento espiritual, la iluminación personal y la búsqueda de la sabiduría oculta. Estas organizaciones contemporáneas, que pretenden mantener y ampliar sus enseñanzas, ofrecen compañerismo, libros y clases a todos aquellos que sientan curiosidad por los misterios de la vida y la posibilidad del desarrollo humano.

Capítulo 2 - Las rebeliones de esclavos que sacudieron el sur

Las rebeliones de esclavos, la mayoría de las veces, nacieron de la desesperación y la esperanza. Uno de los primeros levantamientos de esclavos tuvo lugar en la antigua Roma. En ella participó una figura conocida popularmente como Espartaco.

Espartaco era un guerrero tracio, pero fue capturado y vendido como esclavo. Tal vez gracias a sus habilidades como guerrero, Espartaco se convirtió en un formidable gladiador. Era popular entre los ciudadanos romanos, que acudían a la arena para ver a los gladiadores derramar su sangre. Sin embargo, Espartaco añoraba los campos abiertos de su patria. Soñaba con la vida que le habían robado. Y así, una noche, empezó a idear un plan y se lo susurró a sus compañeros gladiadores. Su objetivo era simple: escapar o morir en el intento.

La rebelión tuvo lugar en el año 73 a. C. El momento más angustioso llegó cuando Espartaco y sus hombres dominaron a los guardias y huyeron hacia el monte Vesubio, el mismo volcán que un día destruiría Pompeya. A partir de aquí, la revuelta creció, a medida que más esclavos se unían a sus filas.

La campaña de Espartaco duró dos años y logró sacudir los cimientos de la República romana. Los rebeldes ganaban batalla tras batalla, y su número crecía con cada victoria. Sin embargo, los romanos no eran nuevos en guerras y batallas. La rebelión fue finalmente aplastada. Incluso el propio Espartaco cayó en la batalla. Aunque nunca se encontró su cuerpo, su legado perduró.

La historia estadounidense tiene relatos similares de rebelión. Así como Espartaco anhelaba la libertad mientras estaba en la arena romana, los esclavizados en Estados Unidos soñaban con la libertad mientras trabajaban duramente en las plantaciones. Pero antes de profundizar en ello, es esencial comprender cómo se llevó por primera vez a los esclavos africanos a las colonias estadounidenses y los horrores que soportaron.

Su historia comenzó a principios del siglo XVII, cuando los europeos centraron su atención en África para satisfacer sus necesidades de mano de obra. Los africanos fueron transportados a la fuerza a través del océano Atlántico como parte del comercio transatlántico de esclavos. Sufrieron condiciones terribles. En primer lugar, los esclavizados, mujeres y niños incluidos, eran capturados en incursiones o guerras. Una vez subidos a los barcos, eran encadenados y colocados en las oscuras, sofocantes y estrechas bodegas. Uno de esos barcos era el *Brooks*, tristemente célebre por sus horribles condiciones.

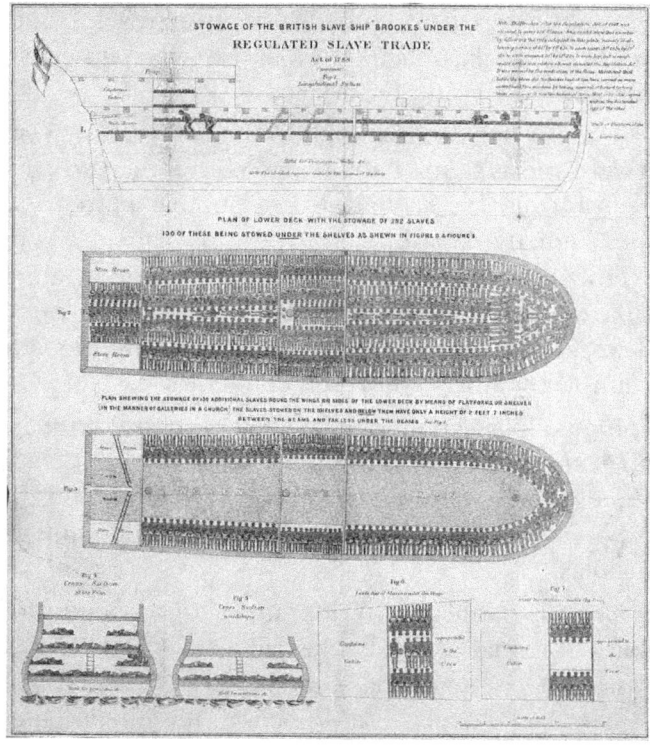

El plan del barco negrero de Brooks[5]

Como era de esperar, no todos los esclavizados sobrevivieron al Pasaje del medio (el viaje de África a las Américas). Muchos murieron debido a las enfermedades y a la falta de saneamiento.

Los que sobrevivían eran vendidos inmediatamente en subastas una vez llegaban a América. Sus cuerpos eran inspeccionados minuciosamente como si no fueran más que ganado. Los esclavos que llegaban con familia eran separados, para no volver a verse nunca más salvo por algún milagro. Se les despojaba de sus identidades y se les daban nuevos nombres antes de someterlos a duros trabajos.

La vida en las plantaciones era agotadora. Los esclavizados eran obligados a trabajar de sol a sol. Los capataces estaban por todas partes para asegurarse de que los esclavos no tuvieran ni un segundo de descanso. Aquellos que desobedecían o incluso cometían un error inocente recibían castigos brutales sin importar su edad o sexo. Estos castigos no se administraban necesariamente como lección; los capataces también querían infundir miedo entre los esclavizados.

Por ello, los métodos estaban diseñados para torturarles y menospreciarles. Azotes, marcaciones y mutilaciones eran castigos comunes. La dosis del Derby era probablemente la forma más horrible de tortura. Utilizado específicamente en Jamaica, este castigo consistía en obligar al esclavo acusado a tumbarse. A continuación, se le abría la boca mientras se obligaba a otro esclavo a defecar en ella. Después, se amordazaba a la víctima durante al menos cuatro horas para que no pudiera escupir nada.

A pesar de la opresión, el espíritu de resistencia de los esclavizados nunca murió. A finales del siglo XVIII y principios del XIX, las noticias de la Revolución haitiana se extendieron como un reguero de pólvora. Encabezada por Toussaint L'Ouverture, la revuelta masiva involucró a los africanos esclavizados de la colonia francesa de Saint-Domingue. La revolución condujo finalmente al establecimiento de Haití como la primera república negra.

Este éxito encendió las llamas de la resistencia entre los esclavizados de las plantaciones de todo el sur de Estados Unidos. Sabían que, incluso frente a probabilidades abrumadoras, las posibilidades de alcanzar la libertad eran posibles.

Igbo Landing (el sitio del desembarco)

Los igbo eran conocidos por sus ricas tradiciones y un profundo sentido de comunidad. También eran conocidos por su naturaleza resistente. Procedentes de la región sudoriental de Nigeria, los igbo esclavizados eran capturados inicialmente en incursiones y guerras antes de ser obligados a viajar por el Pasaje del medio. Su destino era a menudo Savannah, donde iban a ser subastados. El propietario de una plantación necesitaba más obreros para trabajar en su finca de la isla de St. Simons. Compró a los Igbo y cargó a los desafortunados esclavos en la goleta *York*.

Mientras la goleta se dirigía hacia la isla de St. Simons, el jefe igbo tomó la decisión de derrocar a sus captores y liberarse de la esclavitud. Susurró sus planes a algunos de los suyos, que pasaron la voz al resto. Esperando el momento oportuno, los igbo lanzaron su ataque. Se volvieron contra sus captores y los dominaron con la ayuda del elemento sorpresa. Sin duda, pillaron desprevenidos a los capataces. Muchos fueron sometidos rápidamente y arrojados al agua, dejando que se ahogaran.

La goleta quedó a la deriva y finalmente llegó al arroyo Dunbar Creek, en un lugar conocido actualmente como Igbo Landing. Sin embargo, lo que ocurrió después sigue siendo un misterio. Existen dos versiones principales. Según una de ellas, tras encallar la goleta, los igbo se adentraron juntos en el arroyo. Cantaron: "El espíritu del agua nos trajo, el espíritu del agua nos llevará a casa", en su lengua nativa igbo. Como se creían protegidos por su dios, Chukwu, los igbo eligieron morir antes que vivir como esclavos. Las aguas del arroyo Dunbar se los llevaron, sus cuerpos desaparecieron mientras sus voces se alzaban en un canto inquietante. Éste fue su último acto de rebeldía y unidad.

También existe otro relato registrado por un capataz estadounidense, Roswell King. Según esta versión, los igbo se dirigieron apresuradamente al pantano justo después de desembarcar en la isla de St. Simons. Prefirieron morir antes que enfrentarse de nuevo a la captura. Algunos consiguieron ahogarse antes de que llegaran los captores. Los que no consiguieron quitarse la vida fueron capturados y llevados a Cannon's Point, en la isla de St. Simons, y a la isla Sapelo. Se decía que a estos cazarrecompensas les pagaban 10 dólares por cada esclavo igbo que capturaban.

La zona de Igbo Landing[6]

Mientras que algunos creen que Igbo Landing y sus alrededores están embrujados por las almas de los difuntos, en el folclore afroamericano se cree que las almas de los igbo han regresado a África, arrastradas por las aguas del arroyo Dunbar.

El incidente del Creole

Otra historia menos conocida de rebelión en alta mar tuvo lugar a bordo del bergantín *Creole*. La rebelión fue liderada por Madison Washington en 1841. Washington nació en la esclavitud y ya había saboreado la libertad, pues había escapado de sus ataduras un año antes de la rebelión. Huyó con éxito a Canadá, pero el destino le tenía reservado algo más. Washington no podía vivir en paz sabiendo que su amada esposa, Susan, seguía encadenada. Así que tomó la decisión de regresar a Virginia y liberarla. Desgraciadamente, fue capturado de nuevo y puesto a bordo del *Creole*. Esta vez, su destino eran los mercados de esclavos de Nueva Orleans.

El *Creole* transportaba 135 esclavos, de los cuales 103 procedían de Richmond, Virginia. Los treinta y dos restantes habían sido recogidos en Hampton Roads, otro puerto natural de Virginia. Además de los esclavos, el barco también transportaba tabaco, una tripulación de diez personas y cuatro pasajeros. Entre ellos había traficantes de esclavos, sus esclavos y la familia del capitán.

Los esclavos se mantenían en bodegas separadas para hombres y mujeres. Sin embargo, a diferencia de los barcos negreros transatlánticos, los cautivos del *Creole* no estaban encadenados ni sujetos. En su lugar, se les encerraba en la bodega de carga.

Al cabo de una semana de viaje, hacia las nueve y media del domingo 7 de noviembre, empezaron a brotar las semillas de la rebelión. El primer oficial del *Creole*, Zephaniah Gifford, estaba de guardia cuando descubrió a Washington en la bodega reservada a las mujeres esclavizadas. Enfurecido por la visión, Gifford ordenó que Washington se revelara antes de obligarle a regresar a su lugar designado.

Poco sabía, Washington ya tenía un plan en mente. Con fuerza bruta, empujó a Gifford al suelo. Antes de que Gifford pudiera tomar represalias, Washington le disparó, aunque la bala no logró matarle. Washington, con la determinación ardiendo en sus ojos, reunió a los demás y dirigió el ataque contra sus opresores.

Mientras el herido Gifford se tambaleaba para alertar al resto de la tripulación, otros tres hombres esclavizados, dirigidos por Ben Blacksmith, le siguieron y actuaron con decisión. Mataron al encargado de los esclavos, John Hewell, e hirieron al capitán del barco, Robert Ensor. Ensor y Gifford, dándose cuenta de la gravedad de su situación, intentaron esconderse de los rebeldes subiendo a la plataforma situada en lo alto del palo mayor. Sin embargo, la amenaza de ser fusilados por Washington obligó tanto a Gifford como a Ensor a bajar. Washington les aseguró que no les dispararían si se rendían pacíficamente. Blacksmith sujetó un mosquete contra el pecho de Ensor mientras Washington le exigía que dirigiera al *Creole* a territorio británico.

La elección del destino por parte de Washington no fue casual. Conocía la Ley de abolición de la esclavitud británica de 1833, que había proscrito la esclavitud en la mayor parte del Imperio británico. La perspectiva de llegar a territorio británico significaba la libertad para los cautivos a bordo del *Creole*.

Bajo coacción, Gifford accedió y el *Creole* puso rumbo a Nassau, en las Bahamas. El viaje fue tenso, pero la esperanza de la libertad mantuvo alto el ánimo de los rebeldes. A su llegada a Nassau, las autoridades británicas se enfrentaron a una situación compleja. El incidente del *Creole* se convirtió rápidamente en un asunto de diplomacia internacional, ya que los traficantes de esclavos estadounidenses exigían la devolución de su "propiedad", mientras que los británicos estaban comprometidos con sus leyes contra la esclavitud.

La batalla por la jurisdicción en las Bahamas fue encarnizada. Los funcionarios estadounidenses sostenían que el barco y su carga humana seguían sujetos a la legislación de Estados Unidos, mientras que los británicos mantenían que, una vez en sus aguas, los individuos esclavizados eran libres. Finalmente, los británicos se pusieron del lado de los cautivos y liberaron a 128 de los 135 esclavos. Los siete restantes fueron detenidos por cargos de asesinato relacionados con la rebelión.

Tras la rebelión, los liberados de Nassau se enfrentaron a una nueva vida. Algunos permanecieron en las Bahamas, integrándose en las comunidades locales, mientras que otros buscaron oportunidades en otros lugares del Imperio británico. El destino de Madison Washington, como el de muchos otros, está rodeado de misterio, pero su acto de rebeldía sigue siendo un poderoso símbolo de resistencia.

El complot de Charleston de 1822

El último acontecimiento significativo de este capítulo de rebeliones de esclavos nos lleva a Charleston, Carolina del Sur, en 1822, donde Denmark Vesey planeó uno de los levantamientos de esclavos más ambiciosos de la historia de Estados Unidos. Era originario de Santo Tomás, en el Caribe, donde había estado esclavizado toda su vida. Sin embargo, su vida cambió en 1800 cuando ganó una lotería. Con esta nueva fortuna, Vesey compró su libertad. Entonces se dedicó a la carpintería. Más tarde, Vesey se convirtió en un miembro destacado de la Iglesia Episcopal Metodista Africana de Charleston.

Como muchos otros que sufrieron en las plantaciones, Denmark Vesey se sintió profundamente afectado por el éxito de la Revolución haitiana. Soñaba con liderar un levantamiento similar en Charleston, especialmente cuando en la ciudad había más negros esclavizados que blancos. Vesey pretendía asestar un golpe a la institución de la esclavitud y conseguir la libertad para los esclavizados.

Vesey pasó años asegurándose de que la revuelta se enfrentara a las mínimas obstrucciones. Reclutó para su causa a esclavizados de confianza y trabajó para liberar al mayor número posible de hombres negros. Incluso organizó reuniones secretas. El lugar habitual de reunión era su casa, donde compartía en voz baja sus planes. Siempre que veía el más mínimo atisbo de miedo en los ojos de sus seguidores, Vesey les inspiraba con historias de la Revolución haitiana. Imaginó un ataque coordinado contra Charleston. Se apoderarían de los arsenales de la ciudad, matarían a los habitantes blancos y navegarían hasta Haití, donde serían recibidos como héroes.

La rebelión se desencadenó el 14 de julio de 1822. También era la misma fecha que el Día de la Bastilla; quizá se eligió intencionadamente como guiño simbólico a la Revolución francesa. Tras años de meticulosa planificación, Vesey y sus seguidores estaban listos para dar el golpe. Desgraciadamente, algunos se acobardaron y unos cuantos reclutas nerviosos optaron por traicionar a Vesey. Informaron a sus amos del plan de Vesey un mes antes de que comenzara la rebelión. La información llegó rápidamente a las autoridades, que no perdieron tiempo en impedir el levantamiento.

En la noche del 16 de junio de 1822, la milicia de la ciudad se apresuró a arrestar a todos los que sospechaban que eran conspiradores. Incluso el propio Vesey fue capturado y llevado a juicio. Aunque mantuvo su inocencia ante el tribunal, fue declarado culpable. El 2 de julio de 1822, Denmark Vesey y otras cinco personas fueron ahorcadas. Treinta y cinco más fueron ejecutados, mientras que otros treinta y uno fueron exiliados.

La rebelión había sido frustrada incluso antes de que comenzara. Aun así, las noticias de esta revuelta potencial enviaron ondas de choque a través del sur. La magnitud del plan de Vesey aterrorizó a la población blanca. Como resultado, las autoridades tomaron precauciones adicionales. Se aprobaron nuevas leyes para restringir el movimiento y la reunión de los negros. Lo más triste es que la Iglesia Episcopal Metodista Africana, que en su día fue un centro de resistencia, fue quemada y destruida.

A pesar de todo, el nombre de Vesey no ha caído en el olvido. Se convirtió en un símbolo de la resistencia y su historia de martirio en la lucha por la libertad inspiró a futuros abolicionistas.

Capítulo 3 - La colonia perdida de Roanoke

La gente lleva mucho tiempo cautivada por los misterios sin resolver. Estos enigmas tienden un puente entre lo desconocido y lo conocido apelando a nuestro sentido más profundo del asombro.

A pesar de los avances tecnológicos contemporáneos, como la datación por carbono 14, varios misterios siguen sin resolverse. Estos enigmas forman parte de la narrativa continua de la curiosidad humana. Sirven como recordatorio de que, a pesar de todos nuestros avances, sigue habiendo misterios en el mundo esperando a que los resolvamos... o a que los dejemos en paz.

Tomemos como ejemplo el año 1930. La vasta extensión del océano Pacífico se convirtió en la culpable de la desaparición de Amelia Earhart. Casi todo el mundo se pregunta por su destino. También está el misterio del Triángulo de las Bermudas. Los científicos han dado algunas explicaciones lógicas a lo largo de las décadas, pero todavía hay algunos casos que siguen siendo inexplicables. También hay casos de crímenes sin resolver. Casi todo el mundo ha oído hablar de Jack el Destripador, pero su identidad será probablemente un misterio para siempre.

Sin embargo, esos no son los misterios que vamos a diseccionar en este capítulo. La colonia perdida de Roanoke ha intrigado a muchos durante mucho tiempo. La colonia comenzó con un hombre llamado John White, que inicialmente se ganaba la vida como artista y cartógrafo.

Su viaje a Roanoke formaba parte de una visión más amplia orquestada por el estadista y explorador Sir Walter Raleigh. Tras recibir una carta de navegación de la reina Isabel I, Raleigh se lanzó a explorar y colonizar nuevas tierras en Norteamérica.

Dibujo de John White de la llegada de los ingleses a Virginia'

Por supuesto, a los ingleses les movían muchos motivos. Aparte de la promesa de nuevos recursos y la expansión de su imperio, también deseaban establecer un punto de apoyo que pudiera llegar a rivalizar con su enemigo, los españoles, que ya habían construido asentamientos más al sur. En cuanto a Raleigh, imaginaba una floreciente presencia inglesa en la región que facilitaría el comercio y difundiría el cristianismo.

El plan parecía sencillo al principio. Roanoke debía ser el primer paso de este ambicioso plan. Debía ser una base para las posteriores misiones de exploración y colonización.

John White fue el encargado de hacer realidad este sueño. En 1587, condujo a un grupo de más de cien colonos a la zona de la bahía de Chesapeake, con la esperanza de que pudieran establecer una colonia en algún lugar cercano. Este lugar fue elegido por una razón. Tenía puertos profundos para barcos más grandes y estaba rodeado de tierras fértiles. Su ubicación también estaba lejos del alcance de los españoles. Además, los ríos atrajeron la atención de los ingleses. Las vías fluviales eran importantes porque podían ser una fuente de alimentos y proporcionar a la población mejores rutas comerciales y de suministro.

Por desgracia para White y sus hombres, la expedición nunca llegó a la bahía de Chesapeake. En su lugar se detuvieron en la isla de Roanoke, pero esta decisión se tomó inicialmente para comprobar el pequeño contingente de hombres que quedaba de una expedición anterior. Sin embargo, al llegar a la isla no pudieron ver a nadie; el asentamiento estaba abandonado y sólo se encontraron huesos esparcidos por los alrededores. Lo que impulsó sus decisiones posteriores sigue sin estar claro, pero parece que su navegante portugués, que respondía al nombre de Simón Fernandes, insistió en quedarse en la isla. Algunos sugieren que lo hizo porque se estaba haciendo demasiado tarde en la temporada, mientras que otros creen que había otras preocupaciones de navegación y logística.

La idea del navegante probablemente no fue aceptada de inmediato por los colonos, sobre todo porque su viaje había estado lleno de desafíos desde el momento en que abandonaron el puerto en Inglaterra. Navegar a través del Atlántico había sido durante mucho tiempo un viaje traicionero, y para cuando echaron el ancla en Roanoke, los colonos ya estaban escasos de suministros. También habían tenido una generosa muestra de tensos encuentros con las tribus locales de nativos americanos. La repentina llegada de los europeos y los malentendidos entre las tribus y los colonos hicieron que los indígenas desconfiaran de los ingleses, cuyas costumbres les eran ajenas.

No ayudó que John lanzara un ataque contra los nativos americanos. White había obtenido información de unos nativos amistosos sobre lo que les había ocurrido a los quince ingleses que habían quedado de la expedición anterior, en 1585. Tal como sospechaban los ingleses, los habían matado. Los nativos amigos le dijeron a White que los asesinatos habían sido perpetrados por guerreros de las tribus secotan, aquascogoc y dasamongueponke. White eligió el camino de la venganza. Sin embargo, el ataque le salió por la culata.

A pesar de contar con armas avanzadas y una valiosa experiencia en el campo de batalla, los colonos no estaban familiarizados con el terreno ni con las costumbres de las tribus locales. También identificaron mal sus objetivos. En lugar de arremeter contra sus supuestos enemigos, los ingleses acabaron lanzando un ataque contra un grupo de nativos americanos amigos. Cabe decir que las consecuencias de esta decisión fueron inmediatas y graves. Las tribus antes amigas, que ahora se sentían traicionadas y en peligro, les retiraron su apoyo y ayuda.

Sin la ayuda de los nativos, a los colonos no les quedó más remedio que reunir provisiones por su cuenta. Sin embargo, esta tarea no fue un paseo por el parque. El duro entorno costero hacía que el suelo arenoso fuera poco propicio para la agricultura. El calor del verano no perdonaba y las escasas fuentes de agua dulce dificultaban las cosas. No obstante, los colonos trabajaron para construir su nueva comunidad. Con la madera y los recursos locales que tenían a mano, los ingleses construyeron los primeros edificios: un fuerte y una serie de casas.

Las responsabilidades de John White aumentaron y su liderazgo resultó crucial, especialmente durante los primeros días de la nueva colonia. Pasó días enteros intentando restablecer las relaciones con los nativos americanos. Esperaba conseguir de nuevo su cooperación y ayuda. Aunque muchas tribus seguían siendo hostiles, ya que consideraban a los europeos como invasores, otras, como los croatoan, se mostraron más receptivas.

La supervivencia de los colonos dependía en gran medida de su capacidad de adaptación y perseverancia. Los días se convirtieron en meses y la dura realidad de su situación se hizo más evidente. La escasez de alimentos era su principal amenaza. Sí, comerciaban con los nativos americanos para obtener alimentos, pero distaban mucho de ser suficientes para alimentar a todos los colonos.

La alimentación inadecuada, las duras condiciones de vida, las enfermedades y la tensión psicológica de su aislamiento pusieron a prueba cada gramo de su resistencia. Sin embargo, algunos se mantuvieron esperanzados y positivos. Eleanor Dare (hija de John White) dio a luz a una hija, Virginia Dare. Esta recién nacida fue la primera inglesa en nacer en el Nuevo Mundo.

Sin embargo, a medida que pasaba el tiempo, la situación de los colonos se hacía más desesperada. Las provisiones que habían traído de Inglaterra estaban seriamente agotadas. Intentaron cultivar la tierra en vano, obteniendo sólo escasos resultados. La amenaza de conflicto con los nativos americanos también se cernía sobre ellos.

Los barcos de aprovisionamiento ingleses desconocían su paradero. Su plan inicial había sido establecerse en la región de la bahía de Chesapeake, pero su repentino cambio de planes les hizo perder el contacto con el resto. Cualquier esperanza de que llegaran barcos de suministros para salvarles de la inanición era casi inexistente. Además, el invierno estaba a la vuelta de la esquina y los colonos sabían que no tenían suministros suficientes para pasar la fría y dura estación.

Los colonos presionaron a John White (que fue nombrado gobernador de Roanoke) para que zarpara hacia Inglaterra y pudiera regresar con provisiones. Al principio, dudó en dejar atrás a su familia y a todos los demás. Temía por su seguridad y supervivencia en su ausencia. También temía perder sus pertenencias una vez que abandonara la isla. Sin embargo, tras ser persuadido -los colonos dieron su palabra de cuidar de sus pertenencias hasta su regreso- White accedió a partir hacia Inglaterra. Se dio cuenta de que la urgente necesidad de suministros superaba sus reticencias.

White y su tripulación llegaron finalmente a Smerwick, Irlanda, el 16 de octubre de 1587. Desde aquí pudo dirigirse a Southampton.

Sin embargo, dos semanas antes, la reina Isabel I había decretado una "suspensión de la navegación" general, impidiendo que ningún barco abandonara las costas inglesas. En ese momento, Inglaterra estaba enzarzada en un conflicto con la Armada española. De hecho, los españoles se preparaban para una invasión. Aunque el patrón de White, Sir Walter Raleigh, intentó proporcionar barcos para rescatar a la colonia, la reina lo anuló debido a la apremiante necesidad de defenderse de la amenaza española.

En 1588, White pudo reunir un par de pinazas (un tipo de embarcación pequeña y ligera) para su expedición a Roanoke. Estas embarcaciones fueron consideradas no aptas para el servicio militar, por lo que no se utilizaron en el conflicto en curso con España. Desgraciadamente, estas embarcaciones no eran aptas para la travesía del Atlántico. White y su tripulación tuvieron dificultades para cruzar el océano. Su desgracia llegó al clímax cuando fueron interceptados repentinamente por piratas franceses. Les robaron sus provisiones y el viaje a Roanoke tuvo que ser aplazado una vez más.

Hasta marzo de 1590, John White y su tripulación no pudieron zarpar hacia la colonia. Al disminuir la amenaza de la invasión española, White pudo conseguir barcos más fiables para el viaje: el *Hopewell* y el *Moonlight*. Pero, por supuesto, unos buenos barcos por sí solos no bastaban para garantizar una navegación sin contratiempos. White, que se había enfrentado constantemente a desafíos, empezó a creer que estaba maldito por una "estrella desafortunada". Se convenció aún más de ello cuando su viaje se vio envuelto en tormentas que azotaron sus barcos. Los errores de navegación les desviaban constantemente de su rumbo, y la muerte de sus marineros por ahogamiento se produjo cuando llegaron a los Bancos Externos.

Finalmente, el 18 de agosto de 1590, White llegó a la isla de Roanoke. Estaba aliviado y emocionado de ver a su familia. También era la fecha del tercer cumpleaños de su nieta Virginia Dare. Sin embargo, su felicidad duró poco. No se oía ningún ruido procedente de la colonia. A medida que se acercaba, se dio cuenta de que todos las edificaciones se habían derrumbado. El corazón de White se hundió. La otrora bulliciosa colonia que había abandonado sólo unos años antes parecía estar desierta.

Entonces, entre las ruinas, los ojos de White divisaron un mensaje críptico: las letras "CRO" talladas en un árbol y la palabra "CROATOAN" grabada en un poste del fuerte. Croatoan era el nombre de una isla cercana y de una tribu local de nativos americanos.

Tres años antes de que White partiera hacia Inglaterra, los colonos habían acordado dejarle un mensaje indicándole su nueva ubicación si alguna vez sentían la necesidad de trasladarse. Sin embargo, si la mudanza se hacía de mala gana o si habían sido forzados, debían incluir en el mensaje la imagen de una cruz de Malta. White rastreó la zona en busca de una imagen de la cruz. Cuando no encontró ninguna, White mantuvo la esperanza. Intentó pensar en positivo; quizá los colonos, incluida su familia, se habían trasladado voluntariamente y seguían vivos.

John White y los colonos descubren el abandono de su colonia'

La búsqueda de los colonos perdidos continuó. Sin embargo, el tiempo pronto dificultó los esfuerzos de White. Se hizo extremadamente peligroso para los ingleses continuar la búsqueda. El capitán del barco exigió que abandonaran la investigación. Ya había perdido tres anclas, y perder otra era una receta para el desastre. White se mostró reacio. Todavía tenía que buscar a su familia en las islas cercanas. No obstante, White y su tripulación regresaron a Plymouth el 24 de octubre de 1590.

Describir la desaparición de la colonia como una tragedia para White es quedarse corto. Algunos dicen que nunca se recuperó del todo de la pérdida de su familia y del resto de los colonos. Tal vez atormentado por la tragedia sin respuesta, White nunca regresó al Nuevo Mundo. Según la carta que envió al escritor inglés Richard Hakluyt, White expresó su desesperación, pero afirmó que no había nada más que pudiera hacer. Dejó el destino de los colonos y de sus seres queridos en manos del Todopoderoso.

A lo largo de los siglos, el misterio de la colonia perdida de Roanoke ha atraído la imaginación del público. Surgieron numerosas teorías. Entre las teorías más populares está la idea de que los colonos se habían integrado con las tribus nativas americanas locales, en particular con los croatoan de la isla de Hatteras. Dado que se enfrentaban a dificultades inimaginables y a unos suministros cada vez más escasos, los colonos optaron por buscar refugio en la tribu croatoan. White descubrió la palabra "CROATOAN" tallada en un poste y "CRO" grabada en un árbol. Éstas eran las únicas pistas dejadas que podían insinuar el posible destino de los colonos.

Esta teoría se apoya además en pruebas lingüísticas y culturales que sugieren una mezcla de costumbres inglesas y nativas americanas. Ciertas palabras y frases de la lengua algonquina (hablada por los croatoan y otras tribus de la región) parecen tener origen inglés.

El arqueólogo Mark Horton también descubrió algunos hallazgos en la isla de Hatteras (a veces denominada Sitio X) que podrían apoyar esta teoría. Horton y su equipo excavaron bienes comerciales europeos, objetos personales y herramientas. Entre los objetos encontrados había un anillo de sello, pedernales de armas y fragmentos de cerámica, lo que podría sugerir que hubo colonos ingleses en la isla. Estos objetos también indican que la interacción entre los colonos y los croatoan continuó mucho después de la desaparición de la colonia.

Según los relatos de colonos ingleses posteriores, estas tribus nativas americanas tenían rasgos europeos, como la piel más clara y los ojos azules. Estos colonos también quedaron asombrados cuando descubrieron que los nativos podían hablar inglés y entender las costumbres inglesas. Debido a esta observación, muchos empezaron a aceptar la idea de que los colonos de Roanoke podrían haber sido absorbidos por la tribu, mezclándose su linaje a lo largo de las generaciones.

Por supuesto, no todo el mundo está de acuerdo con la teoría de la integración. Los escépticos sostienen que los artefactos europeos descubiertos en la isla de Hatteras podrían haber sido el resultado del comercio y no de un asentamiento directo. También afirman que, aunque algunos nativos americanos mostraban rasgos europeos, éstos podrían atribuirse a las interacciones con otros exploradores y colonos europeos que llegaron después de los colonos de Roanoke. No obstante, la teoría de la integración es actualmente la explicación más plausible de la desaparición de los colonos de Roanoke.

Otra teoría gira en torno a la posibilidad de una injerencia española. España fue una potencia colonial dominante en las Américas durante el siglo XVI. Por ello, las fuerzas españolas eran, en la mayoría de los casos, hostiles a la invasión inglesa en la región. Existen algunos registros españoles de la época que hablan de sus planes para hacer frente a la presencia inglesa en Norteamérica. En 1588, los ingleses fueron avistados en la zona de la bahía de Chesapeake por una expedición española dirigida por Vicente González. Por lo tanto, es plausible que los españoles pudieran haber atacado y diezmado la colonia de Roanoke.

Sin embargo, las pruebas arqueológicas que apoyan la teoría de la interferencia española son escasas. No existen pruebas directas que puedan vincular a España con la desaparición de la colonia de Roanoke. Aun así, los españoles eran conocidos por sus tácticas despiadadas a la hora de hacer frente a las amenazas percibidas. Algunos historiadores creen que los españoles podrían haber aniquilado la colonia y eliminado cualquier rastro que pudiera señalarlos como culpables.

Mientras tanto, los escritos de William Strachey en 1612 cuentan otra historia de lo que les ocurrió a los colonos. El escritor e historiador inglés escribió un relato en el que detallaba los primeros años de otra colonia conocida como Jamestown. Este relato también incluía una referencia al destino de los colonos de Roanoke. Según Strachey, los colonos de Roanoke y los chesepian fueron masacrados por la tribu Powhatan poco antes de la fundación de Jamestown en 1607. Informó de que el líder de los Powhatan, Wahunsenacawh, había sido advertido por sus sacerdotes sobre una profecía. Un día, una nación desconocida surgiría de la bahía de Chesapeake para amenazar a su tribu. Wahunsenacawh sabía que tenía que detener esta profecía. Así que ordenó la masacre de los colonos de Roanoke y de los chesepian.

En la escalofriante narración de Strachey, siete colonos supervivientes -cuatro hombres, dos niños y una mujer joven- lograron escapar de la matanza. Optaron por remontar el río Chowan, donde esperaban encontrar refugio. Sin embargo, el caos estaba lejos de terminar. Los supervivientes fueron finalmente capturados por otra tribu. Los llevaron a un lugar llamado "Ritanoe". Les hicieron prisioneros y les forzaron a batir cobre.

Aunque el relato de Strachey se remonta a la década de 1600, su teoría obtuvo una aceptación significativa entre mediados y finales del siglo XX. Su relato encajaba perfectamente en la narrativa más amplia de las tumultuosas relaciones entre los europeos y las tribus nativas americanas. Sin embargo, también es posible que Strachey tuviera prejuicios contra Wahunsenacawh. Los historiadores modernos sostienen que sus escritos estaban muy influidos por la política y los conflictos coloniales de su época. Es muy posible que su relato fuera exagerado.

Aparte de estas teorías y escritos, la búsqueda de las populares "piedras de Dare" en la década de 1930 añadió otra capa de intriga al misterio. Se dice que las piedras de Dare fueron descubiertas por un turista californiano llamado Louis E. Hammond en 1937. Afirmó que se topó con la primera piedra mientras conducía por el sureste de Estados Unidos. Según el turista, la piedra se encontraba cerca del río Chowan, en Carolina del Norte, que estaba relativamente cerca de la isla de Roanoke.

Curiosamente, la piedra tenía una inscripción. Se cree que fue escrita por Eleanor Dare, que detalló las muertes de su marido y su hijo a manos de los llamados "salvajes". Parte de la inscripción dice: "Ananias Dare & Virginia Went Hence Unto Heaven 1591" (en español: *Ananias Dare y Virginia se fueron al cielo en 1591*).

Una representación de la primera piedra de Dare[9]

Curiosamente, Hammond desapareció sin dejar rastro después de entregar la piedra a los estudiosos. La piedra fue llevada a la Universidad de Emory, en Atlanta, donde se realizaron evaluaciones que confirmaron su autenticidad. El artefacto databa de finales del siglo XVI. A raíz de la noticia de este posible descubrimiento se produjo un frenesí de interés. Incluso se ofrecieron recompensas por nuevas piedras.

Se descubrieron más piedras, cada una de las cuales aportaba más detalles sobre el destino de los colonos. Algunas incluían inscripciones de sus luchas, otras hablaban de la muerte de varios colonos y algunas tenían mensajes dirigidos a John White, instándole a rescatarlos.

Sin embargo, a medida que aumentaba el número de piedras, también lo hacía el escepticismo. Los eruditos empezaron a notar discrepancias en el lenguaje y las frases grabadas en las piedras. Muchas no coincidían con la lengua inglesa utilizada a finales del siglo XVI. Contenían expresiones idiomáticas modernas que definitivamente no se utilizaban en la época isabelina. Además, las piedras posteriores parecían más detalladas que las primeras, lo que suscitó dudas sobre su autenticidad.

Se llevaron a cabo investigaciones y las autoridades indagaron en los antecedentes de los individuos que afirmaban haber encontrado las piedras. Finalmente, se consideró que todas menos la piedra de Dare original eran falsificaciones.

El misterio sin resolver de los colonos de Roanoke ha inspirado numerosos libros, documentales y teorías. A pesar de haber ocurrido en el siglo XVII, los recientes esfuerzos de investigación han reavivado el interés por el misterio. Con tecnologías más avanzadas para descubrir nuevas pruebas, los profesionales aún esperan poder arrojar algo de luz sobre lo que les ocurrió a los colonos.

Capítulo 4 - Los héroes anónimos del Ferrocarril subterráneo

A pesar de su nombre, el Ferrocarril subterráneo no era ni un ferrocarril ni un subterráneo. Era una red secreta de rutas ocultas y pisos francos establecida para ayudar a los esclavizados en su búsqueda de la libertad. Aunque este complejo sistema empezó a ser ampliamente utilizado por los esclavizados a principios del siglo XIX, sus raíces se remontan a finales del siglo XVIII.

Lo crea o no, el Ferrocarril subterráneo no era una organización singular, sino una coalición informal de individuos y abolicionistas unidos por el objetivo común de socavar la institución de la esclavitud. Esto incluía a afroamericanos libres, aliados blancos y miembros de grupos religiosos, como los cuáqueros. Estas personas eran conocidas como "conductores", y sus hogares y negocios que servían de refugio se denominaban "estaciones".

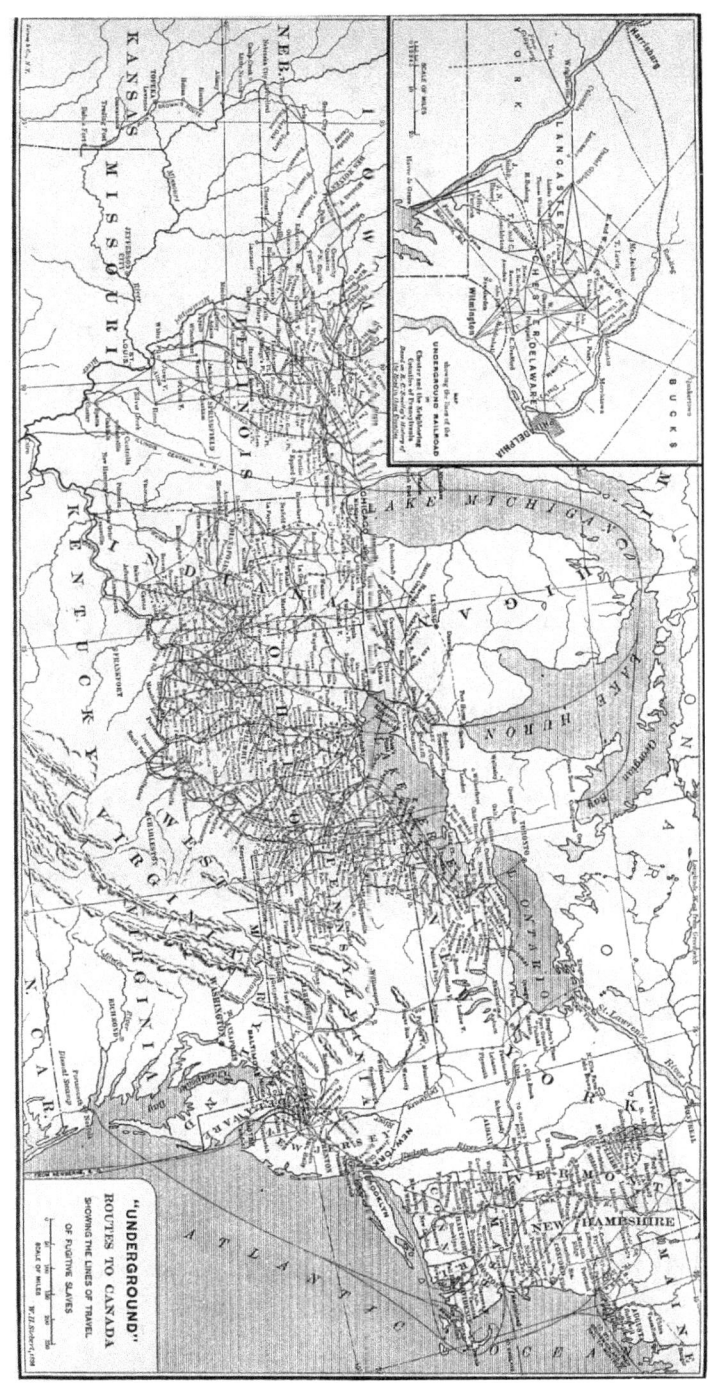

El mapa del Ferrocarril subterráneo a Canadá[10]

Esta red brindaba a los esclavizados la oportunidad de escapar de las condiciones opresivas del sur y buscar un refugio seguro en el norte o en Canadá, donde la esclavitud estaba prohibida. Las rutas secretas del Ferrocarril subterráneo pasaban por varios estados. Las principales estaciones se encontraban en Filadelfia, Cincinnati y Detroit, por nombrar algunas.

Sin embargo, el éxito del Ferrocarril subterráneo no habría sido posible sin varias figuras clave. Estaban dispuestas a arriesgar sus vidas para ayudar a los esclavizados. Una de las personas más destacadas de esta red fue Laura Haviland.

Laura Haviland, una conductora clave del Ferrocarril subterráneo

Laura Smith Haviland nació el 20 de diciembre de 1808, en Kitley, Ontario, Canadá, hija de Daniel y Sene Smith. Teniendo como padres a unos devotos cuáqueros, era normal que Laura se criara en un ambiente profundamente religioso. La igualdad y la justicia eran los aspectos principales de sus creencias. Cuando Laura era aún una niña, la familia Smith se trasladó a Lockport, Nueva York. Aquí se unieron a una comunidad de otras familias cuáqueras. Laura recibió una educación -los cuáqueros hacían hincapié en la importancia de la educación para todos,

Un retrato de Laura Haviland[11]

incluidas las mujeres- y le enseñaron los principios cuáqueros de sencillez y paz.

Para quienes no estén familiarizados con los cuáqueros, eran conocidos por sus opiniones y prácticas progresistas. Conocidos formalmente como la Sociedad Religiosa de los Amigos, se adelantaron a muchas normas sociales de la época. Creían firmemente en la igualdad inherente de todas las personas, sin importar su raza, sexo o incluso condición social. Esta idea se fundaba en la noción de que hay "eso de Dios en cada uno", lo que confiere a cada persona un valor y una dignidad inherentes.

Los cuáqueros eran también pacifistas que abogaban por la no violencia y la resolución pacífica de los conflictos. Sus reuniones se caracterizaban por el culto silencioso, aunque cualquier miembro era libre de hablar si se sentía movido por el Espíritu Santo. Esta práctica expresaba su convicción de tener una experiencia directa y personal con Dios.

Laura era una mujer muy culta. Leía mucho y le encantaban las obras de John Woolman, un abolicionista cuáquero. Sus relatos sobre la esclavitud fueron una de las muchas cosas que moldearon la causa de Laura para ayudar a los esclavizados.

En la década de 1820, Laura y su familia, junto con los Haviland -su futura familia política- se trasladaron a Adrian, Míchigan. Aquí se casó con Charles Haviland, otro cuáquero que compartía sus sentimientos abolicionistas.

La progresista familia Chandler también tuvo su hogar en Adrian. Esta familia participó activamente en la lucha contra la esclavitud. Sus opiniones y su participación activa en la causa abolicionista influyeron sin duda en Laura.

Pronto, la casa de Laura y Charles Haviland se convirtió en un centro de actividades antiesclavistas. En 1837, crearon el Instituto de Raisin, una escuela integrada que abrió sus puertas tanto a estudiantes negros como blancos, un concepto considerado revolucionario en aquella época. Además de proporcionar educación, el instituto también sirvió de refugio para los esclavos fugitivos, por lo que formó parte del Ferrocarril subterráneo.

Por desgracia, la tragedia golpeó a la familia Haviland. A principios de la década de 1840, comenzó a surgir una grave infección bacteriana conocida como erisipela. Infectó a la familia de Laura, así como a sus amigos y vecinos. La infección acabó cobrándose la vida de los padres de Laura, de su marido Charles e incluso de su hija pequeña. Sin embargo, esta enorme pérdida personal no mermó el compromiso de Laura con la causa abolicionista. De hecho, parecía que la tragedia reforzaba su determinación.

Más adelante, su implicación en el Ferrocarril subterráneo se hizo aún más intensa. Laura viajaba a menudo disfrazada al amparo de la noche para escoltar a los esclavizados hasta un lugar seguro. Su casa y el Instituto de Raisin siguieron siendo estaciones importantes del Ferrocarril subterráneo. Ella y sus aliados proporcionaron no sólo refugio, sino también alimentos y orientación a docenas de fugitivos.

Quizá uno de los episodios más memorables de la vida de Laura Haviland fue cuando emprendió una misión para liberar a los hijos de dos esclavos fugitivos. Willis y Elsie Hamilton acababan de escapar con éxito a Canadá, pero sus hijos seguían atrapados en la esclavitud en el sur. Su audaz fuga fue descubierta por su antiguo amo, conocido como el Sr. Chester. Enfurecido por la fuga, ordenó a los cazadores de esclavos que los capturaran. Afortunadamente para Willis y Elsie, este plan fracasó. Entonces, Chester recurrió al engaño. Les prometió que serían tratados como libertos si regresaban voluntariamente. Chester incluso dijo que tendrían la oportunidad de reunirse con sus hijos.

Laura sabía que tenía que intervenir. Decidida a frustrar el plan de Chester, partió hacia Tennessee, acompañada por su hijo Daniel y un valiente estudiante del Instituto de Raisin llamado James Martin, que se hizo pasar por Willis Hamilton. A su llegada, Chester se enfureció rápidamente cuando se dio cuenta de que Willis Hamilton no estaba entre el grupo. En un arrebato de furia, retuvo a Laura, Daniel y James a punta de pistola, amenazando con asesinarlos y secuestrar a James para esclavizarlo en lugar de Willis Hamilton. Sin embargo, éste no era el primer rodeo de Laura. Mantuvo la calma a pesar de la amenaza e hizo uso de su rapidez mental.

Laura pudo calmar la situación lo suficiente para que escaparan de las garras de Chester. Pero la ira de Chester no se detuvo ahí. Durante los quince años siguientes, Chester y su familia persiguieron implacablemente a Laura, tanto legalmente como a través de cazadores de esclavos privados. Le enviaron un montón de cartas despectivas, esperando que sus amenazas y palabras desagradables pudieran asustarla y alejarla de sus propósitos abolicionistas.

Cuando se aprobó la Ley esclavos fugitivo, los Chester afilaron sus cuchillos y construyeron un caso legal contra Laura. La acusaron no sólo de ayudar, sino también de robar a sus esclavos. Como la ley estipulaba penas severas para cualquiera que ayudara a los esclavos fugitivos, Laura corría un grave peligro. Pero la suerte favoreció a Laura, ya que el caso fue llevado ante el juez Wilkins. La simpatía del juez por el movimiento abolicionista fue un factor importante para que Laura eludiera las repercusiones legales. Y así, a pesar de la creciente presión y de las amenazas legales, consiguió evitar la condena.

Como era de esperar, las luchas legales no hicieron sino reforzar la determinación de Laura en su causa. Como su influencia había crecido enormemente, hizo uso de ella tanto con la voz como con la pluma. Participó en varios mítines, a menudo dando discursos, y escribió muchos artículos que detallaban los males de la esclavitud. Su pasión conmovió a muchos, que decidieron unirse a la causa.

Sus esfuerzos se intensificaron tras el inicio de la Guerra civil. Durante esta época de caos, trabajó como enfermera. Mientras atendía a los heridos, Laura aprovechó la oportunidad para continuar su defensa de la emancipación de los esclavos.

En 1865, el Instituto de Raisin fue adquirido por la Asociación de Ayuda a los Libertos (en inglés: *Freedmen's Aid Commission*). Se transformó en el Hogar Haviland para huérfanos. Durante la Guerra Civil, se creó la Asociación de Ayuda a los Liberados para ayudar a los esclavos liberados y a sus familias en la transición a la libertad, ofreciéndoles servicios esenciales como vivienda, asistencia laboral y educación. Los niños que habían perdido a sus padres, a menudo como consecuencia de la violencia y los disturbios de la época, encontraron refugio en este orfanato.

Laura continuó con sus reformas sociales en sus últimos años. Defendió los derechos de la mujer, la reforma penitenciaria y la templanza. A pesar de su avanzada edad, siguió dedicada a mejorar la vida de todos los que la rodeaban. Laura también fue autora de su propia autobiografía, *A Woman's Life Work: Labors and Experiences* (en español: *La obra de una mujer: Trabajos y experiencias*). En este libro, compartió sus experiencias e impartió las lecciones que había aprendido de una vida comprometida con la igualdad y la justicia.

Laura Haviland falleció el 20 de abril de 1898, en Grand Rapids, Míchigan, a la edad de ochenta y nueve años. Aunque su nombre no sea muy conocido y sus esfuerzos queden a menudo eclipsados por los de abolicionistas más conocidos, su legado perdura.

Jermain Loguen, el héroe desinteresado del Ferrocarril subterráneo

Una foto de Jermain Loguen de una autobiografía de 1859[11]

Otro héroe anónimo del movimiento abolicionista fue Jermain Wesley Loguen. Fue un esclavo fugitivo que se convirtió en un influyente abolicionista en Siracusa, Nueva York. Hijo de una esclava llamada Cherry y de su esclavizador irlandés, David Logue, Jermain experimentó en carne propia la brutal realidad de la esclavitud.

En 1834, a la edad de veintiún años, Jermain escapó a la libertad. Lo hizo con la ayuda de un salvoconducto falsificado y la asistencia de personas simpáticas que encontró por el camino. Su viaje hacia el norte le llevó finalmente a Nueva York. Aquí cambió su nombre por el de Jermain Wesley Loguen, añadiendo una "n" a su apellido, una ruptura simbólica con su desgarrador pasado.

Loguen aprovechó la oportunidad para ampliar su educación en Nueva York. Se casó y formó una familia. En 1841, Loguen y su pequeña familia se trasladaron a Siracusa. Aquí mantuvo su entusiasmo por la justicia social y la educación. Loguen dedicó su vida al movimiento abolicionista, colaborando con líderes notables como Frederick Douglass. Sus impresionantes dotes oratorias no tardaron en llamar la atención, sobre todo cuando recurría a sus experiencias personales. Su voz se convirtió en una poderosa herramienta en la lucha contra la esclavitud.

Loguen era una persona muy segura de sí misma. Nunca rehuyó dar publicidad a su trabajo. Publicaba con audacia cartas en la prensa de Siracusa en las que detallaba sus actividades y solicitaba donativos para ayudar a los buscadores de la libertad. Loguen también animaba a otros que se sentían movidos por su causa a desafiar las leyes injustas.

Un mes después de que se promulgara la Ley de esclavos fugitivos, Loguen convenció a su ciudad adoptiva de Siracusa para que se declarara refugio de esclavos fugitivos. Su propuesta fue sometida a votación y aprobada por una rotunda mayoría de 395 a 96.

Loguen construyó apartamentos en su propiedad para que sirvieran de escondite y alojamiento temporal a los esclavos que escapaban. Incluso su casa se convirtió en una estación del Ferrocarril subterráneo. Tanto él como su esposa, Caroline, fueron algunos de los agentes más activos de la red del Ferrocarril subterráneo.

El incidente del rescate de Jerry que tuvo lugar en 1851 se considera uno de los acontecimientos más famosos en los que se vio implicado Loguen. William Henry, conocido como Jerry, era un esclavo fugitivo que residía en Siracusa. Las cosas se torcieron cuando Jerry fue detenido por los alguaciles federales que actuaban en virtud de la Ley de esclavos fugitivos. Por supuesto, esto enfureció a la comunidad abolicionista. Encabezado por el propio Loguen, Jerry fue liberado cuando una turba de abolicionistas asaltó la cárcel.

Preocupados por la seguridad de Jerry, se dice que Loguen y otros abolicionistas lo escondieron en varios lugares de la ciudad, lo que permitió a Jerry eludir su recaptura. Finalmente, Jerry fue trasladado a Canadá, donde pudo vivir en paz.

Al igual que Laura Haviland, Jermain Loguen luchó por la igualdad en sus últimos años. Durante años, utilizó sus dotes oratorias para defender los derechos de los afroamericanos. Loguen también se centró en su labor religiosa, convirtiéndose en predicador autorizado de la Iglesia Metodista Africana Episcopal Zion y, más tarde, en obispo de la misma iglesia.

Loguen finalmente falleció el 30 de septiembre de 1872, a la edad de cincuenta y nueve años. Muchos creyeron que murió a causa de la tuberculosis.

John P. Parker, un inventor de día y un salvador de noche

John P. Parker tenía un entorno familiar casi similar al de Jermain Loguen. Nacido en la esclavitud hacia 1827, Parker tenía como padre a un blanco (que también era aristócrata) y como madre a una mujer esclavizada. Cuando sólo tenía ocho años, Parker fue vendido y llevado a Richmon, Virginia, antes de ser vendido de nuevo seis meses después. Esta vez, fue llevado a Mobile, Alabama, donde sirvió como criado de un médico.

Los hijos del médico se interesaron por la educación de Parker. Los dos decidieron desafiar las estrictas leyes de Alabama contra la educación de los esclavos. A menudo sacaban libros de contrabando de la biblioteca de su padre y se los daban a Parker. En plena noche, los hijos del médico enseñaban en secreto a Parker a leer y escribir. Parker devoraba todos los libros que caían en sus manos. Pronto desarrolló un profundo interés por la literatura y le encantaban las obras de Shakespeare y de otros poetas populares ingleses de la época.

A principios de la década de 1840, Parker ya no trabajaba como sirviente doméstico. En su lugar, fue nombrado aprendiz en el oficio de moldeador de hierro. No tardó en dominar el oficio, pero su carácter franco a menudo le causó problemas; era habitual que Parker chocara con los capataces, lo que provocó su despido de varias fundiciones.

Los despidos decepcionaron al médico. Tomó la decisión de vender a Parker como obrero agrícola. Sin embargo, Parker tenía otros planes. Recurrió a Elizabeth Ryder, una de las pacientes del médico. Tras convencerla de que le comprara, Ryder permitió que Parker ganara y ahorrara su salario para comprar su libertad, lo que consiguió en 1845. Tras comprar su libertad, se trasladó a Indiana antes de hacer otro traslado a Cincinnati. Finalmente acabó en Ripley, Ohio.

La casa restaurada de John P. Parker en Ripley, Ohio[18]

En Ripley, la vida de Parker empezó a cambiar. Estableció una fundición llamada Phoenix Foundry, que dirigía durante el día con otros diez trabajadores. Por la noche, Parker tenía otro trabajo. Era conductor en el Ferrocarril subterráneo. Su turno de noche solía consistir en guiar a esclavos fugitivos a través del traicionero río Ohio. En una ocasión, sus rescates le obligaron a colarse en una plantación para poder salvar a un bebé.

El bebé estaba retenido como rehén por el propietario de una plantación para impedir que los padres escaparan. Parker inició su misión a altas horas de la noche, al amparo de la oscuridad, cuando todo estaba en silencio. A esa hora, todos en la plantación estaban sumidos en un profundo sueño, lo que permitió a Parker escalar los muros exteriores y colarse por la ventana parcialmente abierta. Fue cauteloso al pisar las tablas del suelo; un movimiento en falso podría provocar un crujido y despertar a cualquiera que estuviera cerca. Guiado por los débiles gemidos del bebé, Parker avanzó de puntillas por los pasillos.

Finalmente llegó a la habitación del bebé, donde éste yacía en una cuna. Acunó al bebé en sus brazos, estrechándolo contra su pecho mientras volvía sobre sus pasos. Se escabulló rápida pero

---

silenciosamente por la ventana y se adentró en la noche con el bebé a salvo en sus brazos. Tras cruzar el río Ohio, logró reunir al bebé con los padres, que estaban encantados.

Por supuesto, cuanto más se implicaba en el Ferrocarril subterráneo, más grave era el peligro que corría. En la década de 1850, las autoridades de Kentucky habían puesto una recompensa de 1.000 dólares por la cabeza de Parker. A medida que se extendían los rumores sobre su papel y comenzaban las investigaciones, Parker supo que tenía que salvarse. Negó públicamente cualquier participación en el Ferrocarril subterráneo antes de 1865.

Sin embargo, la historia de su vida acabó revelándose en 1886. El manuscrito permaneció inédito en los archivos de la universidad de Duke hasta 1996, cuando el historiador Stuart Sprague lo dio a conocer al público con la publicación de *Su tierra prometida: La autobiografía de John P. Parker, antiguo esclavo y conductor en el Ferrocarril subterráneo.* (en inglés: *His Promised Land: The Autobiography of John P. Parker, Former Slave and Conductor on the Underground Railroad).*

Parker dedicó su vida a su fundición tras la Guerra civil. En 1870 se le consideraba una de las personas más ricas de Ripley. Incluso poseía una extensa colección de libros. Su talento inventivo prosperó en la década de 1880; recibió patentes por una prensa de tabaco mejorada en 1884 y una versión portátil en 1885. También obtuvo una patente por un pulverizador de suelo en 1890. Parker se involucró en el negocio de la molienda de harina, exhibiendo sus productos en la Exposición de Nueva Orleans de 1884.

John P. Parker falleció el 30 de enero de 1900.

Capítulo 5 - El Ejército Fantasma de la Segunda Guerra Mundial

El engaño siempre ha sido una estrategia crítica, especialmente en el teatro de la guerra. Hace siglos, los comandantes de guerra utilizaban el arte del despiste, las fintas y los subterfugios para obtener ventaja. Uno de los primeros ejemplos conocidos de tales tácticas tuvo lugar en la antigua guerra de Troya, al menos según la leyenda. Parecía que el asedio de Troya no iba a terminar nunca. Así que los griegos construyeron un enorme caballo de madera y escondieron una fuerza de hombres en su interior. Luego, fingieron zarpar. Los troyanos, al ver que los barcos abandonaban el puerto, creyeron que habían ganado la guerra. Llevaron el caballo de madera dentro de sus murallas como trofeo. Al amparo de la noche, los soldados griegos ocultos salieron y abrieron las puertas a su ejército que regresaba. Troya cayó.

Avancemos rápidamente hasta el siglo XX cuando el mundo se vio inmerso en el conflicto más devastador de la historia: La Segunda Guerra Mundial. Las apuestas eran más altas que nunca, y la necesidad de estrategias de engaño innovadoras se hizo cada vez más importante.

Las potencias del Eje y las aliadas fueron los protagonistas de esta lucha mundial. En el bando del Eje estaban los alemanes, comandados nada menos que por Adolf Hitler. Éste demostró una notable habilidad para el engaño estratégico. Uno de los ejemplos más llamativos se produjo durante la Operación Barbarroja. Éste era el nombre en clave de la invasión alemana de la Unión Soviética en 1941.

Hitler y sus generales comprendieron que sorprender a la Unión Soviética era fundamental para el éxito de su campaña. Por ello, en los meses previos a la invasión, los alemanes pusieron en práctica algunas tácticas diplomáticas destinadas a engañar a los soviéticos. Incluso firmaron un pacto de no agresión con la Unión Soviética. Esto hizo creer a Stalin que Alemania no tenía ningún plan urgente para una ofensiva oriental. Los alemanes organizaron falsas concentraciones de fuerzas en los Balcanes y Noruega, con tanques y aviones fantasma, para distraer la atención de los soviéticos.

Se hizo todo lo posible por mantener la ilusión de normalidad, especialmente cuando las fuerzas alemanas se reunieron cerca de la frontera soviética. Se impuso el silencio radiofónico y los alemanes emitieron un tráfico de radio engañoso desde lugares alejados de las verdaderas zonas de reunión. Ampliaron a propósito los vuelos de reconocimiento sobre territorio soviético hasta que se convirtieron en lo suficientemente rutinarios como para que nadie sospechara.

Cabe suponer que la Unión Soviética no estaba preparada para la invasión cuando ésta finalmente estalló el 22 de junio de 1941. El avance alemán fue asombroso tanto por su alcance como por su velocidad. Gran parte del éxito inicial de la Operación Barbarroja puede atribuirse a la eficacia de las anteriores campañas de engaño, aunque finalmente la operación fracasó.

Pasaron tres años y la guerra en Europa había alcanzado una fase crítica. Los Aliados planeaban importantes operaciones de liberación, incluida la histórica invasión de Normandía el Día D. Ganar un punto de apoyo sustancial en Europa occidental permitiría a los Aliados llevar a cabo más operaciones destinadas a hacer retroceder a los alemanes. Normandía fue elegida específicamente por su importancia estratégica. Normandía tenía un gran equilibrio de terreno defendible y acceso a importantes carreteras y puertos, que eran necesarios para apoyar a la fuerza de invasión.

Las lecciones de engaño que los Aliados habían aprendido a lo largo de los años no se olvidaron. Los alemanes tenían un historial de éxitos notables utilizando sus diversas tácticas de engaño.

El coronel Billy Harris y el mayor Ralph Ingersoll fueron los cerebros del Ejército Fantasma. Harris aportó sus conocimientos técnicos como ingeniero. Ingersoll aportó su visión creativa y su comprensión de los aspectos psicológicos del engaño. Era escritor y periodista antes de que estallara la guerra.

La creación de esta unidad se inspiró en parte en las unidades británicas de la Operación Bertram. En este episodio concreto, los británicos lograron imponerse durante la segunda batalla de El Alamein, que tuvo lugar en Egipto en 1942. Los británicos lograron el éxito mediante una combinación de engaño logístico y el uso de equipo ficticio y camuflaje. También pusieron en práctica el engaño por radio para ocultar al enemigo sus verdaderas intenciones.

Así nació el Ejército Fantasma. Con el nombre oficial de Tropas Especiales del Cuartel General 23, la tarea de esta unidad bastante singular parecía sencilla; sus hombres debían emplear diversas técnicas de engaño para despistar al enemigo. Sin embargo, se necesitaba una planificación meticulosa para que los engaños funcionaran.

El Ejército Fantasma se convirtió más tarde en una unidad importante en la estrategia aliada, incluso durante la Operación Bodyguard. El plan consistía en desviar la atención de los alemanes y proteger los planes de los Aliados para la invasión de Normandía. Para asegurarse de que estas tácticas de engaño funcionaban, se reclutó a un grupo diverso de individuos en el Ejército Fantasma. Muchos de ellos eran artistas, diseñadores e ingenieros. Sus habilidades eran inestimables para crear ilusiones visuales y auditivas convincentes para confundir al enemigo.

Las operaciones del Ejército Fantasma giraban en torno a técnicas que creaban la ilusión de grandes formaciones militares. Una de sus tácticas más utilizadas e ingeniosas era el despliegue de tanques y artillería hinchables. Como estos señuelos estaban hechos de goma, eran ligeros y portátiles. Podían inflarse y desplazarse rápidamente para imitar a intimidantes unidades blindadas.

El sargento Bill Blass desempeñó un papel importante en este sentido. Haciendo uso de su formación en arte y diseño -más tarde se convertiría en un reputado diseñador de moda- trabajó para asegurarse de que cada señuelo hinchable tuviera el aspecto más realista posible. Tal vez gracias al sargento, a los ojos de los aviones de reconocimiento enemigos que sobrevolaban la zona, estos inflables parecían absolutamente reales y estaban a minutos de entrar en combate.

Sin embargo, el engaño visual por sí solo no bastaría para engañar al enemigo, especialmente a uno que tenía una amplia experiencia en el campo de batalla. El Ejército Fantasma tenía que crear una experiencia envolvente que disipara cualquier duda en la mente de los observadores alemanes. La unidad también colocó y ocultó estratégicamente enormes altavoces en el campo que emitían los sonidos reales de tanques retumbando, camiones rodando, soldados marchando y generales gritando órdenes.

Un tanque inflable modelado a partir del M4 Sherman[14]

El Ejército Fantasma también perfeccionó el engañoso arte de las transmisiones de radio falsas, más conocido como "suplantación" o *spoofing*. Los hábiles operadores de radio utilizaban guiones cuidadosamente diseñados para enviar mensajes que imitaban los patrones de comunicación militar del mundo real. Estos mensajes falsos pretendían ser interceptados por los alemanes y les proporcionaban información inexacta sobre los movimientos y preparativos militares aliados.

El secretismo se tomaba muy en serio. La confidencialidad sobre sus métodos y operaciones era crucial; ni una sola palabra sobre estas operaciones podía ser pronunciada entre los ajenos a la unidad. Al fin y al cabo, el éxito de su engaño dependía de que los alemanes creyeran que las unidades ficticias eran reales. Las anécdotas de los miembros del Ejército Fantasma ponen de relieve hasta qué punto se esforzaban por ocultar sus operaciones. En una ocasión, un granjero local tropezó con un tanque hinchable en el campo. Sin correr riesgos, los soldados de la unidad tuvieron que explicarle rápidamente que no se trataba más que de un ejercicio de entrenamiento para los militares. El granjero juró entonces guardar el secreto.

Sin embargo, el Ejército Fantasma se enfrentaba a desafíos. Aparte del secretismo, la rapidez era uno de los elementos más cruciales. Se requería una preparación y coordinación minuciosas para la instalación y el mantenimiento de las transmisiones de radio, los equipos de sonido y los señuelos hinchables. A menudo, los soldados tenían que trabajar con extrema rapidez y eficacia durante la noche. Tenían que estar preparados en todo momento para montar y desmontar rápidamente los señuelos antes de trasladarse a otro campo asignado.

Sin embargo, los logros del Ejército Fantasma en la guerra fueron asombrosos. La primera misión importante de la unidad tuvo lugar en los días previos al Día D. Como parte de la más amplia Operación Fortaleza, el Ejército Fantasma tenía que convencer a los alemanes de que la principal fuerza de invasión iba a desembarcar en el estrecho de Calais, no en Normandía. Esta tarea comprendía una serie de elaborados engaños, uno de los cuales era el establecimiento del Primer Grupo de Ejércitos de Estados Unidos (en inglés: *First United States Army Group*, FUSAG) bajo el mando del general George Patton. El Ejército Fantasma logró mantener esta ilusión. Los alemanes creían que la verdadera invasión aún estaba por llegar, aunque las fuerzas aliadas ya habían asaltado las playas de Normandía el 6 de junio 1944. El éxito de la invasión del Día D marcó un punto de inflexión en la guerra.

Operación Brest

Otra de las hazañas del Ejército Fantasma tuvo lugar a finales del verano de 1944. En ese momento, las fuerzas aliadas estaban realizando importantes avances en Francia. Tenían sus ojos puestos en la ciudad portuaria de Brest, conocida por su posición estratégica y su potencial de abastecimiento. Los aliados sabían que tenían que capturar la ciudad, pero había un problema: los alemanes la habían fortificado. Atacar Brest de frente estaba completamente descartado, ya que sólo provocaría un gran derramamiento de sangre y un despilfarro de suministros. Los Aliados tenían que desviar primero la atención de los alemanes antes de que pudieran hacer ningún movimiento. El Ejército Fantasma volvía a ser necesario.

La unidad instaló sus tanques, artillería y vehículos hinchables en un campo situado a varios kilómetros de la ciudad portuaria. Desde la distancia, estos hinchables, combinados con el débil sonido de los constantes movimientos de los soldados, parecían reales. Se hizo aún más creíble cuando el mayor Ralph Ingersoll, el sargento Bill Blass y el coronel Billy Harris dirigieron los esfuerzos sobre el terreno. Se crearon mensajes falsos en los que se hablaba de líneas de suministro y movimientos de tropas para que los alemanes creyeran que un ataque a Brest estaba a punto de producirse en cualquier momento si los interceptaban.

Luego, cuando llegó la noche, los soldados del Ejército Fantasma se movieron rápidamente para trasladar los tanques hinchables a nuevas posiciones y simular así los ajustes tácticos de un ejército real. Blass y su equipo trabajaron para asegurarse de que no se perdía ni un solo detalle, desde las insignias perfectamente pintadas de los señuelos hasta las huellas falsas en el barro y los sonidos de los vehículos pesados en movimiento.

Debido a su meticulosa planificación, los alemanes mordieron el anzuelo. Creyeron que se iba a lanzar un gran asalto desde la posición del Ejército Fantasma. Los alemanes desviaron sus fuerzas para contrarrestar el ataque percibido. Con la atención de los alemanes en otra parte, las verdaderas unidades aliadas no perdieron tiempo en avanzar hacia sus objetivos. Se enfrentaron a menos resistencia de la que habrían tenido, lo que contribuyó a su exitosa captura de Brest.

Operación Viersen

A principios de 1945, la unidad fue llamada de nuevo. Esta vez, los Aliados estaban entrando en Alemania y necesitaban una desviación a lo largo del río Rin, cerca de la ciudad de Viersen. El Ejército Fantasma debía confundir a los alemanes engañándoles sobre la ubicación del cruce aliado. Si esto tenía éxito, los aliados podrían establecer una cabeza de puente enfrentándose a una oposición mínima.

El tiempo era esencial. Así pues, el Ejército Fantasma inició su misión con un reconocimiento detallado. Primero necesitaban comprender el terreno y observar los patrones típicos de las patrullas alemanas para que su engaño funcionara. Una vez más, colocaron sus tanques hinchables y su artillería, junto con otros elementos de atrezo, en el campo que habían seleccionado, situado a varios kilómetros del punto de cruce real. También se aseguraron de que su ubicación fuera visible para los aviones de reconocimiento alemanes, pero imposible de abordar de frente por el enemigo.

El Ejército Fantasma colocó embarcaciones de desembarco simuladas a lo largo de la orilla del río, con soldados falsos tripulándolas. Éstas actuaban como una ilusión que sugería un inminente cruce del río. El ruido de los motores, el chapoteo del agua y los gritos de los soldados se reproducían a través de altavoces ocultos para hacer la escena aún más creíble. Al mismo tiempo, el equipo de radio de Ingersoll emitía mensajes guionizados que solicitaban suministros adicionales. Estos mensajes incluían incluso discusiones sobre los cruces e informes falsos de misiones de exploración.

Todo ocurrió justo antes del amanecer. Los exploradores alemanes notaron el movimiento de los tanques y la artillería de su enemigo. Sin darse cuenta de que se trataba de un engaño, informaron de que estaba a punto de producirse un cruce importante en el emplazamiento del Ejército Fantasma. Aprovechando la oportunidad, las verdaderas fuerzas aliadas hicieron su movimiento. Cruzaron el río Rin sin sufrir grandes bajas.

La disolución del Ejército Fantasma

El 8 de mayo de 1945, Alemania se rindió. El Ejército Fantasma fue uno de los muchos protagonistas de la victoria. Sin embargo, con la llegada de la paz, se produjo un cambio en las prioridades. Ya no era necesaria una unidad especializada en el engaño. El 15 de septiembre de 1945, la unidad especial fue oficialmente disuelta. Aunque a sus miembros se les permitió regresar a su vida civil y reunirse con sus familias, sus contribuciones en tiempo de guerra pasaron en gran medida desapercibidas.

Sin embargo, había una razón para ello. Durante décadas, la existencia e incluso las actividades del Ejército Fantasma se mantuvieron en un archivo etiquetado como "clasificado". Ni siquiera los soldados podían hablar o rememorar sus experiencias. Mientras el mundo avanzaba, la intrigante historia del Ejército Fantasma permanecía en la oscuridad, oculta al público.

No fue hasta muchos años después cuando la gente oyó hablar de la unidad por primera vez. En la década de 1980, los registros clasificados fueron desclasificados gradualmente. Las hazañas del Ejército Fantasma empezaron a ser reconocidas. Los veteranos de la unidad antaño clasificada -muchos de los cuales habían hecho carrera en otros campos- podían ahora compartir sus historias y los retos a los que se enfrentaron cuando estaban en servicio. Se diseñaron y entregaron medallas para mostrar gratitud por las enormes contribuciones de la unidad en la guerra.

A medida que se desvelaban más detalles de la unidad, el interés del público crecía enormemente. Los directores no perdieron el tiempo y produjeron documentales que detallaban las estrategias del Ejército Fantasma, y los autores trabajaron día y noche, entrevistando a miembros de la unidad y escribiendo sobre sus experiencias.

La medalla del Ejército Fantasma[16]

La publicación del libro de Rick Beyer, *El Ejército Fantasma de la Segunda Guerra Mundial*, captó la atención de los lectores con sus detalladas descripciones de las operaciones de la unidad y las historias de las personas que lo hicieron posible. Este libro en particular, junto con otros medios de comunicación que hablaban de la unidad, puso de relieve la brillantez estratégica del Ejército Fantasma, contribuyendo a que su legado nunca cayera en el olvido.

Capítulo 6 - Auge y caída del emperador Norton

El número de veces que la palabra "emperador" aparece en los libros de historia es demasiado numeroso para contarlo. Desde los poderosos gobernantes de la antigua Roma que controlaban Europa y más allá hasta las ilustres dinastías de China, donde a los emperadores se les denominaba Hijos del Cielo, este título ha tenido un peso significativo. César Augusto, por ejemplo, es conocido por transformar la República romana en un imperio, aunque nunca aceptó formalmente el título de emperador. Por su parte, Qin Shi Huang se convirtió en el primer emperador de China tras unificar los estados en guerra.

Sin embargo, con el paso de los años, el concepto de emperador evolucionó. Hoy en día, es un título más simbólico. La idea de ser un emperador o el gobernante por encima de todo sigue siendo un concepto fascinante.

La vida de Joshua Norton antes de alzarse como emperador

San Francisco es un nombre que a muchos les resulta familiar. La ciudad es popular por su espíritu bohemio y su diversidad cultural. La ciudad floreció durante la fiebre del oro y nunca dejó de desarrollarse; ahora es una bulliciosa metrópolis llena de lugareños y turistas.

Desde la perspectiva más amplia de Estados Unidos, un país que se enorgullece de su democracia, el concepto de un emperador viviendo en California resulta extraño. Sin embargo, San Francisco acogió una vez a un hombre que se autoproclamó emperador. Conocido como el emperador Norton, es una de las figuras más singulares y a la vez menos conocidas de la historia de Estados Unidos.

Nació con el nombre de Joshua Abraham Norton, pero poco se sabe de sus primeros años de vida, un misterio acorde con su posterior excentricidad. Nació en Inglaterra, pero pasó gran parte de su juventud en Sudáfrica, gracias a los programas de colonización del Imperio británico, creados para expandir la influencia británica por todo el mundo. Se cree que la familia de Norton se dedicaba al comercio. Se beneficiaron de las oportunidades económicas que les brindó el dominio colonial británico.

Norton cumplió treinta años hacia 1849. En algún momento de este año, llegó a San Francisco. Mientras que muchos otros llegaron a California sin más que el sueño de beneficiarse de la fiebre del oro, Norton llegó con aproximadamente 40.000 dólares. Esta cantidad era sustancial para la época; hoy habría sido equivalente a más de un millón de dólares. Norton tenía todo lo que necesitaba para empezar una vida en un lugar nuevo.

Como hombre de negocios que era, Norton sabía que tenía que aprovechar el rápido crecimiento de la ciudad. San Francisco era un imán para diversas personas de todo el mundo. La ciudad estaba repleta tanto de oportunidades como de riesgos. Norton optó por invertir su capital en el sector inmobiliario y en el negocio del corretaje de importaciones. Tal vez gracias a sus primeras experiencias en Sudáfrica, Norton fue capaz de sortear con éxito las volátiles condiciones del mercado de la época y poco a poco se labró un nombre.

En poco menos de cuatro años tras su llegada a San Francisco, Norton consiguió amasar una generosa fortuna. En ese momento, valía al menos un cuarto de millón de dólares (equivalentes a unos 8,7 millones de dólares actuales). Su éxito en el mercado inmobiliario y sus aventuras en la importación de mercancías le convirtieron en uno de los hombres de negocios más destacados de la ciudad.

Sin embargo, la vida no está exenta de desafíos. Una serie de acontecimientos alteraron su suerte. En 1852, China se enfrentó a una grave hambruna, que llevó a prohibir la exportación de arroz para garantizar alimentos suficientes para su propia población. Esto sacudió el mercado mundial. En San Francisco vivían muchos trabajadores chinos que dependían del arroz. Cuando el precio del arroz empezó a dispararse, muchos se disgustaron. Tenían que pagar treinta y seis centavos por libra (aproximadamente 0.453 kg) de arroz; eso equivaldría a gastar casi diez dólares por libra hoy en día.

Como era de esperar, Norton vio una oportunidad en esta crisis. Previó que la creciente población asiática de la ciudad seguiría teniendo una gran demanda de arroz. Decidió actuar con rapidez. Invirtió veinticinco mil dólares en un cargamento de arroz procedente de Perú, comprándolo a doce centavos la libra. Su estrategia era simple: acaparar el mercado local y aprovechar los altos precios para generar un beneficio masivo para sí mismo. Estaba decidido a duplicar o incluso triplicar el valor de su inversión.

Pues bien, eso no ocurrió. Sus esperanzas se desvanecieron en el momento en que supo que su cargamento no era el único en camino desde Perú. Mientras esperaba la llegada de su arroz, otros dos barcos cargados de arroz entraron en el puerto de San Francisco. Esta repentina afluencia de arroz desbordó el mercado, provocando una caída de los precios. El precio del arroz volvió a bajar a tres centavos por libra, que era una fracción de lo que pagaba Norton.

Quizás consumido por la desesperación, Norton llevó el asunto a los tribunales. Se enzarzó en una batalla legal con el vendedor que le vendió el cargamento. No sólo alegó que le habían engañado sobre la exclusividad del trato, sino que también solicitó una indemnización por sus pérdidas. Una vez más, la suerte no estuvo de su lado, ya que el proceso judicial duró más de lo que esperaba. Como el asunto se prolongó durante años, consumió los pocos recursos que le quedaban al antes exitoso empresario. Sólo las tasas judiciales erosionaron su situación financiera. Aunque mantuvo su determinación -al menos durante un tiempo-, Norton acabó perdiendo el caso.

La pesadilla de Norton se hizo realidad en 1858, cuando tuvo que declararse en quiebra. Sin embargo, el destino tenía otro camino para él. Norton pasaría de ser un empresario influyente a un emperador.

El ascenso del emperador Norton

Tras la quiebra, Norton no aparecía por ninguna parte. Los rumores empezaron a circular. Algunos temían lo peor mientras que otros pensaban que podría haber abandonado la ciudad para rehacer su vida en otro lugar. Cuando Norton reapareció por fin en 1857, estaba claro que, además de perder su fortuna, había perdido su estabilidad mental y su sentido de la identidad.

Norton se reinventó a sí mismo de una forma que superaba la imaginación de cualquiera. Acogió abiertamente su excentricidad y adoptó el personaje del emperador Norton. Anunció su reinado emitiendo una proclama oficial. Durante la fiebre del oro, una historia sobre un autoproclamado emperador atraería sin duda a los lectores y aumentaría la popularidad del periódico. Así pues, la proclamación de Norton se publicó el 17 de septiembre de 1859.

La proclamación decía: "A petición y deseo perentorios de una gran mayoría de los ciudadanos de estos Estados Unidos, yo, Joshua Norton, antiguamente de Algoa Bay, Cabo de Buena Esperanza, y ahora desde hace nueve años y diez meses de San Francisco, California, me declaro y proclamo Emperador de estos Estados Unidos".

Esto fue sólo el principio, ya que el emperador estadounidense emitiría varios decretos más a lo largo de su reinado. Uno de los más memorables fue una orden de disolución del Congreso. Descontento con el sistema político, Norton consideraba que el Congreso no sólo era corrupto, sino también muy ineficaz. Este decreto, aunque visto por los altos mandos como una demanda fantasiosa, resonó entre el público que había sido víctima de políticos codiciosos y egoístas.

Otra de sus proclamaciones fue la construcción de un puente entre San Francisco y Oakland. La idea sonaba descabellada en aquel momento, pero Norton comprendió las necesidades futuras de la ciudad. San Francisco prosperaba y crecía sin parar; la necesidad de una mejor conectividad era evidente. La visión de Norton acabó haciéndose realidad con la construcción del Puente de la Bahía más de medio siglo después de su muerte. Lo mismo ocurrió con la construcción del Transbay Tube, que conecta la ciudad con Oakland por ferrocarril. Norton decretó en una ocasión que la ciudad debía plantearse la construcción de un túnel bajo la bahía de San Francisco, una idea que se desechó en su momento, pero que cobró vida siglos después.

Norton también pidió la creación de una "Liga de Naciones". El principal objetivo de la creación de esta liga era mediar en las disputas internacionales. Al igual que el Puente de la Bahía, la idea de Norton fue ignorada una vez más, sólo para hacerse realidad más tarde con el establecimiento de la Sociedad de las Naciones y las Naciones Unidas tras la Primera Guerra Mundial y la Segunda Guerra Mundial, respectivamente. Aunque sus ideas se enmarcaron a menudo de forma caprichosa, muchos coinciden en que el emperador Norton tenía en realidad un enfoque previsor de las cuestiones mundiales y el mantenimiento de la paz.

Las proclamaciones de Norton se extendieron también a cuestiones locales. En una ocasión, emitió edictos sobre el comportamiento adecuado y el orgullo cívico. Instó a sus súbditos a tratarse con respeto y dignidad. Incluso hizo una proclamación sobre el uso de la palabra "Frisco". En este decreto, el emperador de la ciudad declaró que cualquiera -sin importar su estatus- que utilizara el término "Frisco" para referirse a la ciudad sería multado con veinticinco dólares. Esto se debía a que pensaba que el apodo era un terrible insulto para la próspera ciudad.

Norton también pretendía supervisar el bienestar y el gobierno de una nación vecina. Se declaró a sí mismo "Protector de México". Por supuesto, ninguna autoridad oficial se tomó en serio su pretensión.

Esta serie de proclamaciones atraía a los medios de comunicación, aunque a menudo le trataban con una mezcla de diversión y burla. Los periódicos publicaban a menudo sus edictos en tono jocoso. Sin embargo, Norton atraía al público. A los ciudadanos de San Francisco les encantaba el encanto que aportaba a la ciudad y apreciaban su inofensiva excentricidad.

El aspecto de Norton le hacía destacar. A menudo se le podía ver caminando por las calles de San Francisco con un grandioso, aunque algo andrajoso, uniforme militar. Su atuendo incluía un sombrero emplumado, una espada ceremonial a su lado y un paraguas o bastón que le servía de cetro.

Siempre hacía sus rondas para asegurarse de que las aceras de la ciudad estaban en buen estado Incluso vigilaba a la policía, asegurándose de que no se durmieran en el trabajo. Su agenda de trabajo era ajetreada; el emperador se encargaba de inspeccionar el progreso de las reparaciones de las calles y la construcción de diversos edificios. Norton se aseguraba de que las normas y reglamentos de San Francisco fueran respetados por sus habitantes. También era generoso con sus sonrisas. El emperador no era tímido a la hora de relacionarse con el público. Hablaba con todo el mundo con el mismo nivel de respeto, tanto si se trataba de un rico hombre de negocios como de un vendedor ambulante.

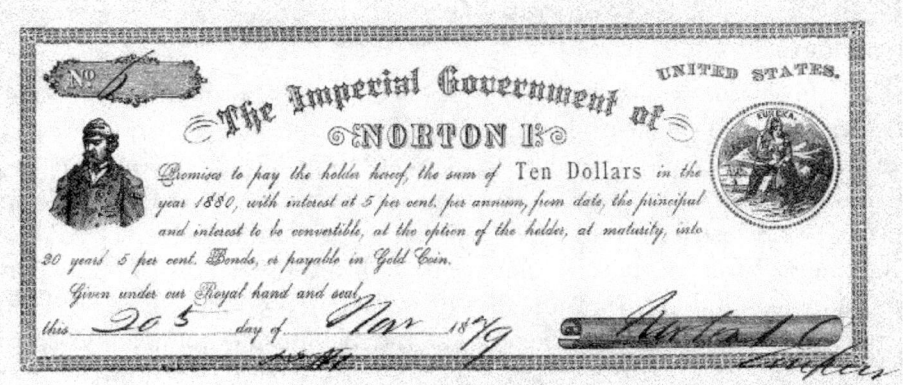

Billete de diez dólares emitido por el gobierno imperial de Norton[16]

A pesar de las burlas que le lanzaron algunas personas, a la mayoría de San Francisco no le importó su existencia ni sus ideas poco convencionales. Los dueños de los restaurantes invitaban a Norton a cenar y le proporcionaban transporte gratuito por la ciudad. En un momento dado, la ciudad incluso le proporcionó una suma anual para sus necesidades. A Norton se le concedió autoridad para emitir bonos y recaudar impuestos de sus leales súbditos. Esto se le permitió para que pudiera saldar cualquiera de sus gastos restantes. El caprichoso emperador tenía incluso su propia moneda, y

El emperador Norton con sus galas militares completas[17]

muchos negocios de la ciudad aceptaban estos "dólares de Norton" como forma de pago.

Otra historia digna de mención relacionada con el emperador es bastante conmovedora. Norton tenía dos perros llamados Lazarus y Bummer, que le seguían mientras hacía sus rondas. Estos perros eran muy queridos por el público, en gran parte debido a su ayuda en el control de la población de ratas. Un día, Lazarus fue capturado por un perrero. Los san franciscanos insistieron en la liberación de Lazarus y exigieron que se permitiera a ambos perros vagar libremente por la ciudad. Esta reacción demostró por sí sola que Norton y sus perros ocupaban un lugar especial a los ojos del público.

El emperador Norton "gobernaba" gran parte de su reino a través de sus proclamaciones, pero no era tímido a la hora de abordar los problemas directamente cuando era necesario. Durante una de las comunes manifestaciones antichinas de la época, Norton demostró su enfoque único para la resolución de conflictos. Al reconocer la escalada de tensión en una reunión particularmente acalorada, Norton se puso de pie ante la multitud, inclinó la cabeza y comenzó a recitar el Padre nuestro. Para sorpresa de muchos, este acto aplacó la ira que se respiraba en el ambiente. Tal vez avergonzados, los agitadores se dispersaron sin recurrir a la violencia.

Por supuesto, todo el mundo tiene un lado que no es del todo positivo. En cuanto al emperador de San Francisco, algunos sugieren que su postura sobre la igualdad de derechos para las mujeres era incoherente. En octubre de 1878, firmó una petición a la Convención Constitucional de California abogando por el sufragio femenino, mostrando así su apoyo a la igualdad de sexos. Sin embargo, Norton también era conocido por haber expresado en ocasiones opiniones tradicionales. Durante una conferencia en particular sobre los derechos de la mujer, Norton tuvo la oportunidad de dirigirse al público. Muchos esperaban que apoyara la causa, pero en lugar de eso, hizo todo lo contrario: dijo a las mujeres que dejaran lo que estaban haciendo y volvieran a sus tareas domésticas.

Norton estaba ya en la mitad de su vida cuando regresó a San Francisco como emperador. Con el paso de los años, su salud empezó a deteriorarse. El 8 de enero de 1880, el autoproclamado emperador fue encontrado muerto en una esquina de la calle. Se había desplomado y exhaló su último suspiro antes de que pudiera llegar ayuda médica. Su muerte fue una gran pérdida para los ciudadanos de la ciudad. Las banderas se arriaron a media asta en su honor y muchos optaron por cerrar sus negocios para presentar sus respetos al emperador Norton.

Los habitantes de San Francisco celebraron un elaborado funeral para su amado emperador. Los residentes ricos estaban dispuestos a cubrir los gastos tanto del funeral como del entierro. Se dijo que más de diez mil personas asistieron al funeral para presentar sus últimos respetos. El lugar de descanso final de Norton se encuentra en el cementerio masónico.

La historia de la vida de Norton ha sido recordada y conmemorada de muchas maneras, y cada una de ellas arroja luz sobre su peculiar legado. Existen libros y biografías sobre el emperador que detallan algunas de sus proclamaciones fuera de lo común y sus repercusiones más amplias en la ajetreada ciudad. El emperador también es un personaje familiar en el mundo del cómic y las novelas gráficas.

Hoy en día, San Francisco celebra fiestas y homenajes dedicados a Norton. La gente puede participar en recorridos a pie, que les permiten caminar sobre los pasos del propio emperador hacia lugares que fueron significativos para él. La Emperor Norton Trust es una organización creada para preservar su legado. De vez en cuando se organizan programas educativos para que su historia permanezca viva. Así que, aunque las autoridades nunca le tomaron en serio por aquel entonces, su nombre quedó inmortalizado y algunas de sus ideas se han hecho realidad; quizá su sueño sí se hizo realidad después de todo.

Capítulo 7 - Las mujeres olvidadas del viejo Oeste

El viejo Oeste es una época muy popular sobre la que leer. A menudo se ha romantizado y mitificado en la literatura, el cine y el folclore. Esta época, que abarca desde mediados del siglo XIX hasta principios del siglo XX, evoca imágenes de vaqueros, salones, vastos ranchos, revólveres, bandidos y diligencias.

Tal vez una cosa que los medios de comunicación describen correctamente eran los vastos e indómitos paisajes del viejo Oeste y cómo éste estaba lleno tanto de oportunidades como de peligros. El clima del viejo Oeste era extremo; los veranos eran abrasadores y los inviernos podían matar. Los conflictos con las tribus nativas americanas estaban siempre presentes. Sin embargo, para aquellos lo suficientemente audaces, el viejo Oeste ofrecía la oportunidad de un nuevo comienzo. Al fin y al cabo, en esta época aún se estaban redactando las reglas.

Más tarde, figuras legendarias como Wild Bill Hickok, Billy the Kid y Jesse James dominaron el Viejo Oeste. Los medios de comunicación han inmortalizado sus historias, que suelen estar llenas de relatos de tiroteos, anarquía y rebelión, cosas comunes que definían el Oeste norteamericano de la época. Pero por supuesto, estos hombres no fueron los únicos que dominaron el Oeste.

Un vaquero del viejo Oeste[18]

Quizá la frase "Era un mundo de hombres" sea la que mejor describe el viejo Oeste. Incluso Hollywood adopta esta imagen. Algunos pueden encontrar ligeramente confusa la visión que Hollywood tiene de las mujeres de esta época. Quizá para encajar en un mundo de hombres, a menudo se hace que los personajes femeninos se vistan como hombres, con vaqueros, botas puntiagudas y sombreros de vaquero. Estas vaqueras de ficción suelen ir armadas con pistolas de seis tiros colgadas a baja altura de sus cartucheras. Este estilo de apariencia presenta a las mujeres del viejo Oeste como personajes fuertes e independientes.

Sin embargo, las mujeres de aquella época no solían vestir como sus homólogos masculinos. Las faldas eran muy comunes entre las mujeres que vivían en el viejo Oeste. También cabalgaban de lado, ya que montar como un hombre se consideraba impropio. En pocas palabras, su aspecto era más bien recatado y con los pies en la tierra. Las mujeres tampoco se dejaban el pelo suelto sobre los hombros. Los mantenían recogidos en pulcros moños. Sólo se soltaban el pelo cuando estaban en casa y cerca de sus maridos u otros miembros de la familia.

Esta apariencia se aplicaba a todas las mujeres; incluso las prostitutas de entonces vestían modestas ropas victorianas en lugar de los reveladores atuendos retratados en las películas. Era poco común que las mujeres llevaran pantalones de hombre, ya que la mayoría de las comunidades tenían leyes estrictas contra el travestismo. Las que hacían caso omiso de esto podían ser arrestadas. Quizá ésta fuera una de las razones por las que Pearl Hart era recordada por el público estadounidense de entonces. La mayoría de las imágenes que se conservan de ella la muestran vistiendo ropa de hombre y, en ocasiones, armada con un rifle Winchester y un par de revólveres.

Pearl Hart, la Dama Bandida de Arizona

Pearl Hart[19]

Criminal o no, todo el mundo tiene una historia de fondo. Antes de convertirse en una de las únicas mujeres atracadoras de diligencias del Oeste norteamericano, Pearl Hart nació como Pearl Taylor. Nacida en Ontario, Canadá, se crio en el seno de una respetable familia de clase media. Fue bastante afortunada en una época en la que muchas familias luchaban por llegar a fin de mes. Pearl recibió una buena educación, una oportunidad que no se ofrecía a muchas niñas de la época.

A los dieciséis años, mientras estudiaba en un internado, Pearl conoció a Frederick Hart y se enamoró rápidamente de él. No tardaron en ponerse de acuerdo para fugarse. Frederick trabajaba como camarero y también era jugador, poniendo a menudo todo su dinero sobre la mesa para satisfacer su adicción. Además de ignorar su responsabilidad como proveedor de su esposa, Frederick también era alcohólico. Para empeorar las cosas para Pearl, su marido se volvió abusivo.

No obstante, la problemática pareja siguió adelante con sus vidas. Durante la Exposición Colombina, ambos se trasladaron a Chicago, Illinois. Allí, Frederick consiguió un trabajo, ganándose la vida como pregonero de feria. Pearl tuvo varios trabajos aquí y allá.

Un cambio comenzó a desarrollarse cuando Pearl asistió a los espectáculos del viejo Oeste. Allí presenció diversas actuaciones que recreaban la emoción de la vida en la frontera. Pearl se sintió especialmente inspirada por una figura que participaba en las representaciones: Annie Oakley, que era popular por su notable puntería.

Annie Oakley[30]

Pronto, Pearl empezó a visitar otros eventos, incluido el Pabellón de la Mujer de la Exposición Mundial. Su experiencia allí encendió aún más el fuego que había en ella. Pasó horas escuchando los discursos de algunas mujeres influyentes, entre ellas la abolicionista y activista social

Julia Ward Howe. Pearl soñaba con controlar su propio destino como esas mujeres, pero el primer paso para ello era dejar atrás a su marido maltratador.

Tras armarse de valor, Pearl hizo lo que tenía que hacer; abandonó su hogar y se subió a un tren con destino a Trinidad, Colorado. Se labró una carrera como cantante de salón, aunque no duró mucho. Más tarde descubrió que no estaba sola. Pearl estaba embarazada de Frederick. Esta noticia la obligó a regresar con su familia a Canadá. Sin embargo, Pearl no pensaba quedarse con su familia. Dejó a su hijo al cuidado de su madre antes de emprender una nueva aventura. Esta vez, su destino era Phoenix, Arizona.

La vida no era fácil en el viejo Oeste. Pearl era cocinera en un café, pero esto no bastaba para llegar a fin de mes. Así que se dedicó a la lavandería, con la esperanza de poder cubrir al menos sus necesidades básicas. No era la más feliz, pero sobrevivió. Entonces, en 1895, reapareció su marido, del que estaba separada. Le suplicó que volviera e incluso le prometió que sería diferente. Pensaba conseguir un trabajo fijo para poder cuidar mejor de ella. Frederick se mantuvo fiel a su palabra.

Tras la reconciliación, los dos llevaron una vida normal, al menos durante un tiempo. Exploraron juntos nuevos intereses y pasaron tiempo en salones y salas de juego de la calle Washington. Este fue también el periodo en el que Pearl experimentó otro desarrollo de su carácter. No sólo empezó a fumar y a beber, sino que algunos también sugirieron que empezó a consumir drogas como la marihuana y la morfina.

Pearl volvió a quedarse embarazada, esta vez de una niña. Desgraciadamente para Pearl, la felicidad no estaba destinada a durar, ya que resurgieron los problemas conyugales. En 1898, estalló una violenta discusión entre la problemática pareja. Él golpeó a Pearl hasta dejarla inconsciente. Frederick volvió a dejar a su esposa y se unió a los Rough Riders de Roosevelt en Cuba. Pearl, que seguía embarazada, regresó con su familia. La historia volvió a repetirse; dejó a su hija con su familia y se marchó a Arizona.

Es seguro decir que éste fue su punto más bajo. Aunque encontró trabajo en varios campamentos mineros, para una mujer sola era todo un reto sobrevivir en el viejo Oeste. Llegó a estar tan deprimida que intentó quitarse la vida más de una vez.

La vida era mejor para Pearl en 1899. El destino la condujo hasta un minero llamado Joe Boot, cuyo encanto la cautivó. Sin embargo, la vida tenía otra desgracia para Pearl. No mucho después de su encuentro con Boot, Pearl recibió noticias de su hermano. Su madre había caído gravemente enferma y la familia sufría por las crecientes facturas médicas. Desesperada, Pearl acudió a Boot en busca de consejo, quien le ofreció algunas ideas interesantes sobre cómo ganar algo de dinero rápido. Pearl tuvo que abandonar su brújula moral y empezar a abrazar una vida de delincuencia.

Tal vez no viendo otro camino, Pearl accedió, y los dos empezaron a planear. Su primer plan era sencillo pero atrevido. Primero, Pearl sedujo y atrajo a un par de hombres a su habitación prometiéndoles unas horas de romance. Cegados por el deseo, los desprevenidos hombres no pusieron objeciones y bajaron la guardia. Poco sabían que Boot se ocultaba en las sombras, esperando el momento oportuno para dejar a los hombres inconscientes. Una vez inconscientes, Pearl y Boot los registraron rápidamente en busca de dinero y objetos de valor. Aunque este plan les recompensó con algo de dinero, no era ni mucho menos suficiente. La pareja necesitaba planear algo más grande y audaz: el robo de una diligencia.

Eligieron una diligencia que recorría la ruta entre Florence y Globe, Arizona. Para este ambicioso atraco, Pearl decidió disfrazarse. Se cortó el pelo y se puso uno de los trajes de Boot. El plan se puso en marcha el 30 de mayo de 1899.

Saltaron de su escondite al centro del camino cuando se acercó la diligencia. El conductor fue cogido por sorpresa, sobre todo porque los dos tenían sus pistolas desenfundadas. Mientras Boot no perdía de vista al conductor, Pearl dio la vuelta y ordenó a los pasajeros que salieran de la diligencia. Les gritó que vaciaran sus bolsillos y carteras. Pearl recogió los objetos de valor: dinero en efectivo por valor de 450 dólares (que hoy valen aproximadamente 15.000 dólares) y un revólver. Tras ordenar a los aterrorizados pasajeros que volvieran al carruaje, Boot disparó su pistola al aire. A toda prisa, el conductor se dio a la fuga mientras la pareja galopaba hacia el desierto.

Sin embargo, los dos desconocían el implacable terreno del desierto. Vagaron durante días, perdidos sin remedio. Finalmente, los dos acamparon bajo una arboleda. Por la mañana, descubrieron que ya no estaban solos. Boot y Pearl se encontraron rodeados por las autoridades.

Los llevaron a la cárcel de Globe. Para su sorpresa, Pearl se había hecho famosa sin saberlo. Las multitudes se agolpaban para echar el más breve vistazo a la infame "Reina Bandida". Querían ver a la mujer que era lo bastante audaz como para desafiar las normas sociales y vivir las aventuras que prometía la frontera.

Pearl abrazó su nueva fama. Se dice que siempre agasajaba a sus admiradores, incluso regalando autógrafos. También estaba más que encantada de compartir sus cuentos con quienes se lo pedían.

Este no fue el final de su viaje. Ella y otro preso llamado Ed Hogan intentaron escapar de la cárcel. Su reputación creció enormemente, aunque la libertad estaba fuera de su alcance. Pearl fue finalmente recapturada y encerrada de nuevo en su celda.

El juicio de Pearl se celebró en Florence en noviembre de 1899. Fue todo un espectáculo. Ella insistió con valentía en que el tribunal no tenía derecho a juzgarla, ya que su género nunca le dio voz en las leyes que regían su destino. Admitió su culpabilidad, pero contó la historia de su madre, trágicamente enferma, a la que intentaba ayudar. Su abogado también argumentó que Pearl había sido una ciudadana respetuosa de la ley hasta que se desesperó por ayudar a su madre. El jurado se mostró comprensivo, pero el magistrado no. Creyendo que Pearl había manipulado al jurado con sus encantos, ordenó un nuevo juicio y la acusó de portar ilegalmente un arma. Sin la simpatía del jurado, Pearl Hart fue finalmente declarada culpable y condenada a cinco años en la prisión territorial de Yuma.

En cuanto a Joe Boot, también fue condenado a prisión. Consiguió escapar con éxito en 1901. Su nombre no vuelve a aparecer en los libros de historia después de eso.

Pearl era más una celebridad en la cárcel que una criminal. Los reporteros la visitaban a menudo y le pedían que narrara sus aventuras. Pearl aceptaba la atención y le encantaba posar para las fotografías. El 19 de diciembre de 1902, salió en libertad condicional. Esperaba sacar provecho de su estatus de celebridad cuando se trasladó a Kansas City, pero por desgracia, el interés del público por la "Dama Bandida" había decaído.

Pearl Hart en su celda[21]

Pearl pasó después de incógnito. Su nombre dejó de aparecer en los periódicos hasta que fue detenida en Kansas City. Esta vez, utilizaba el alias de Sra. L. P. Keele, y fue detenida por comprar bienes robados. Más tarde, volvió a desaparecer, reapareciendo brevemente en 1924 en el antiguo juzgado de Florence.

Lo que ocurrió en su vida posterior sigue siendo desconocido. Mientras que algunos dicen que regentó una tienda de puros en Kansas City y acabó falleciendo en 1925, otros afirman que se trasladó a San Francisco y murió mucho más tarde, en 1952. Otra teoría popular explica cómo Pearl encontró a su alma gemela en Dripping Springs, Arizona. Aquí, Pearl y su marido vivieron el resto de sus días como rancheros. Ella se hacía llamar Pearl Bywater y se dice que falleció en 1956.

Madame Moustache, la renombrada jugadora del Oeste

En la anárquica frontera norteamericana, el juego ocupaba un lugar destacado en la sociedad. El viejo Oeste era una tierra de oportunidades y peligros. Se hacían y perdían fortunas con el giro de una carta o la tirada de un dado. Juegos como el póquer, el faro, la ruleta y el vingt-et-un o veintiuno (el precursor del blackjack) se hicieron muy populares. Los salones y salas de juego surgieron en todas las ciudades florecientes, convirtiéndose en centros sociales. El atractivo del dinero fácil y la emoción de correr riesgos atrajeron a hombres de todas las clases sociales a estos establecimientos. También buscaban escapar de las duras realidades de la vida en la frontera, aunque sólo fuera por una noche.

Los jugadores habilidosos eran a la vez temidos y venerados, y su reputación se extendía por todas partes. En medio de este escenario de grandes apuestas y alta tensión, una figura destacaba, no sólo por su destreza en el juego, sino también por su encanto y su trayectoria poco convencional. Se llamaba Eleanore Dumont, pero es más conocida como Madame Moustache (en español: *Madame Bigote*).

El viaje de Eleanore Dumont de Francia a Norteamérica comenzó con sueños de aventura y prosperidad. Nacida como Simone Jules, dejó atrás su antigua vida, adoptó un nuevo nombre y se

Eleanore Dumont, c. 1860[22]

aventuró en el impredecible mundo del viejo Oeste. Eleanore se estableció rápidamente como jugadora, favoreciendo el juego del veintiuno, que mostraba su agudo intelecto.

El primer salón de juego de Eleanore estuvo en Nevada City. Los detalles concretos sobre su financiación varían, pero se cree que Eleanore consiguió el capital necesario mediante una combinación de ahorros de empresas anteriores, inversiones y préstamos de figuras influyentes y adineradas del pueblo minero que quedaron impresionadas por su visión y carisma.

Su establecimiento era un espectáculo para la vista. Era bastante sofisticado, sobre todo teniendo en cuenta que estaba situado en un tosco pueblo minero. Se aseguró de amueblarlo con las alfombras más caras y elegantes lámparas de gas. A diferencia de las otras salas de juego del pueblo, el salón de Eleanore tenía la estricta norma de recibir sólo a hombres arreglados y de buen comportamiento. Incluso se desaconsejaba encarecidamente maldecir.

Eleanore no tardó mucho en obtener beneficios. Consiguió reunir suficiente capital para ampliar su negocio. Tras asociarse con un jugador profesional de Nueva York llamado David Tobin, Eleanore puso en marcha otro salón. Bautizado con el nombre de Dumon's Palace, fue otro éxito. Sin embargo, Eleanore tuvo que trasladarse a otro lugar cuando el oro de la ciudad se agotó. En 1857, se encontró en Columbia, California. Aquí, instaló su mesa en un hotel local.

Unos años más tarde, Eleanore decidió dejar atrás el negocio del juego. Aunque sabía poco de ganadería, compró un rancho en Carson City, Nevada, con la esperanza de llevar una vida más tranquila. Sin embargo, su vida cambió cuando conoció a Jack McKnight. Se decía que McKnight era un hombre apuesto y de dulce hablar. Eleanore se enamoró rápidamente de él. Sin embargo, McKnight distaba mucho de ser un caballeroso caballero... o más bien, un *caballero* de brillante armadura. Era un estafador. En apenas un mes, consiguió hacerse con el dinero de Eleanore. Vendió su rancho, dejándola sólo con deudas y desesperación. Según la leyenda, Eleanore consiguió localizar al estafador. Se vengó matándole de un doble disparo de escopeta.

Debido a su devastador estado financiero, a Eleanore no le quedó más remedio que volver a los campamentos mineros, donde retomó el juego. Se encontró en Pioche, Nevada, en 1861 y se trasladó de un campamento aurífero a otro durante los siguientes veinte años.

El tiempo hizo mella en el aspecto de Eleanore. Una línea oscura de vello apareció en su labio superior. Se ganó el apodo de "Madame Moustache". Sus ojos, que antes brillaban con esperanza y vida, se fueron apagando con el paso de los años. Además, el ambiente en los campamentos mineros era duro. Pasar década tras década en estos pueblos la afectó. Los hombres maldecían libremente en su presencia y contaban chistes obscenos delante de ella. Eleanore se acostumbró al ambiente, e incluso empezó a utilizar un lenguaje grosero en sus conversaciones cotidianas.

Durante estos tiempos difíciles, Eleanore se aventuró en otro negocio. Empezó a regentar burdeles. Se dio cuenta de que los hombres que visitaban sus establecimientos de juego a menudo buscaban algo más que un simple juego. Esta nueva empresa contribuyó a su ya creciente influencia y éxito financiero. Sus burdeles estaban limpios y bien mantenidos.

Eleanore pronto empezó a ser objetivo de varios forajidos debido a su reputación. En una ocasión, dos ladrones se enfrentaron a ella cuando salía de uno de sus establecimientos. Le exigieron su bolso, pero Eleanore mantuvo la calma. Mirando directamente a los ojos de los hombres, les dijo con firmeza que no se llevarían sus pertenencias. Los ladrones quedaron sorprendidos por su valentía; después de todo, no muchas mujeres se atreverían a contestarles, especialmente cuando estaban solas.

Eleanore metió la mano en su bolso, lo que hizo pensar a los atracadores que buscaba dinero. En lugar de eso, sacó una pequeña derringer (pistola de bolsillo) y disparó a quemarropa a uno de los hombres. Éste cayó al suelo, retorciéndose de dolor. El otro atracador giró sobre sus talones y echó a correr. Una vez más, Eleanore había demostrado que no era una mujer con la que se pudiera jugar.

Aparte de sus historias de valentía, Eleanore conservaba su buen corazón. Bajo su duro exterior, seguía siendo aficionada a la amabilidad y la generosidad. A menudo se podía ver a Madame Moustache proporcionando comidas e incluso un lugar donde alojarse a mineros con problemas y muy trabajadores.

La última parada de Eleanore fue Bodie, California. Aquí, se dice que pidió prestados 300 dólares a una amiga para abrir una mesa. Sin embargo, en pocas horas, la desgracia se abatió sobre ella; lo perdió todo. Su historia llegó a su fin el 8 de septiembre de 1879, cuando su cuerpo fue encontrado tendido a las afueras del pueblo. A su lado había una nota que expresaba su cansancio de la vida. Se había quitado la vida.

La vida de Josephine Earp

Josephine Earp en su juventud[28]

Josephine Sarah Marcus (conocida simplemente como "Josie") llevó una vida bastante diferente a las de Pearl Hart y Eleanore Dumont. Su historia trataba más bien de la adaptabilidad que definía a muchas mujeres del viejo Oeste. Josephine nació en Nueva York de padres judíos. Poco se sabe de su infancia.

Empezó a anhelar un cambio en 1879 cuando la compañía teatral Pauline Markham llegó a la ciudad. Fue testigo del glamour y la aventura que rodeaban a la compañía itinerante. Josephine no tardó en empezar a soñar con vivir una vida llena de emociones cada día. Un día, tomó la decisión de abandonar la comodidad de su hogar. Se escabulló con la compañía y dejó a su familia sin pronunciar un adiós. Echó un vistazo más a las familiares calles de Nueva York antes de marcharse para siempre. Su destino era Arizona.

En Arizona, Josephine conoció a un hombre encantador pero problemático. Se llamaba Johnny Behan y era popularmente conocido en el pueblo por su lengua de plata y su aspecto gallardo. Aunque estaba divorciado y era un político en bancarrota, Josephine encontró a aquel hombre cautivador. Formaron una relación romántica cargada tanto de pasión como de drama.

La familia de Josephine empezó a preocuparse por su bienestar. Intentaron localizarla y lograron traerla de vuelta a Nueva York.

Sin embargo, Josephine no permaneció mucho tiempo en Nueva York. En mayo de 1880, ya estaba de vuelta en Arizona. Había tomado la decisión de reunirse con su amante, Johnny, en Tombstone, un concurrido pueblo minero de plata. A pesar de su romance, los dos nunca se casaron.

Para decepción de Josephine, Johnny Behan era un hombre de juego, bebida e infidelidad. Su relación era tensa, y no ayudaba que Johnny siguiera haciendo promesas vacías a Josephine.

Josephine acabó cruzándose con otro hombre, uno que permanecería a su lado hasta sus últimos días. Conocido como Wyatt Earp, era un popular agente de la ley con un pasado lleno de historias. A los ojos de Josephine, Wyatt era todo lo contrario de Johnny. Aparte de estar comprometido con la justicia, Wyatt era firme y decidido. Los dos pronto se sintieron atraídos el uno por el otro.

Aunque Josephine seguía con Johnny, se reunió varias veces con Wyatt hasta el punto de que se formó un vínculo más fuerte entre ellos. Algunos decían que era el espíritu de Josephine lo que más atraía al representante de la ley. Sin embargo, Josephine le dio a Johnny la oportunidad de arreglar sus asuntos, pero Johnny no tenía planes de cambiar. Así pues, Josephine puso fin a su relación a principios o mediados de 1811.

Wyatt Earp y Jonny Behan no eran desconocidos. Sin embargo, su relación no era amistosa. Eran rivales. Después de todo, ambos eran figuras muy conocidas en Tombstone. La mayoría de las veces, sus conflictos eran tan grandes que afectaban a sus vidas personales. Su rivalidad alcanzó el clímax con el infame tiroteo en el O.K. Corral el 26 de octubre 1881. El enfrentamiento fue violento. Fue entre los hermanos Earp (incluido su leal aliado Doc Holliday) y la banda Clanton-McLaury (que incluía a los socios de Johnny Behan). Aunque el tiroteo sólo duró treinta segundos, las secuelas fueron terribles; tres de los miembros de la banda Clanton-McLaury murieron. Wyatt sobrevivió y su estatus de leyenda creció aún más.

La relación entre Josephine y Wyatt también creció tras el tiroteo. Sin embargo, esto no es un cuento de hadas. Los hermanos Earp sufrieron otra tragedia cinco meses después. El 18 de marzo de 1882, su hermano, Morgan Earp, recibió un disparo en la espalda mientras jugaba al billar en un salón. Esta emboscada conmocionó sin duda a los hermanos. El cuerpo de Morgan fue transportado por los hermanos de vuelta a la casa de sus padres en Colton, California. Los Earp creían que esta injusticia sólo merecía venganza. Los hermanos Earp, junto con Doc Holliday, emprendieron el camino de la venganza, que más tarde se conocería como la Cabalgata de la venganza de los Earp. Persiguieron y mataron a los que sospechaban que eran responsables de la emboscada, incluido Ike Clanton (que estuvo presente durante el Tiroteo del O.K. Corral, pero no participó en él).

Aunque el camino hacia la venganza fue duro, Josephine permaneció al lado de Wyatt. Ella fue su fuente de apoyo y consuelo. Su relación floreció y perduraría durante casi cincuenta años.

Una vez finalizada la Cabalgata de la venganza, Josephine y Wyatt emprendieron una serie de aventuras por el viejo Oeste. Sus primeras aventuras incluyeron regentar salones en San Diego, California. También probaron suerte en el sector inmobiliario a finales de la década de 1880. Las oportunidades se agotaban, y se abría otra ventana. Los dos se trasladaron de un lugar a otro más prometedor. Eran la personificación de la energía inquieta de la frontera norteamericana.

La pareja también se trasladó a Nome, Alaska, durante la fiebre del oro de Klondike a principios del siglo XX. De nuevo, invirtieron en salones y establecimientos de juego, con la esperanza de hacer fortuna.

A principios de la década de 1920, se trasladaron a Los Ángeles, una ciudad bulliciosa y en rápido crecimiento. Wyatt Earp se dedicó al negocio inmobiliario, pero también intentó introducirse en la industria cinematográfica. Intentó producir películas mudas sobre el viejo Oeste, aunque sus esfuerzos no tuvieron mucho éxito.

Josephine y su marido Wyatt en sus últimos años[34]

Josephine Marcus permaneció leal a Wyatt Earp hasta el final de su vida. Wyatt finalmente falleció el 13 de enero de 1929. Josephine trabajó duro para preservar su legado. Su objetivo era asegurarse de que su historia se contara a las generaciones futuras con exactitud. A Josephine no le importó batallar con un grupo de escritores o cineastas que deseaban cambiar las aventuras de Wyatt o incluso su carácter y personalidad.

Josephine falleció finalmente el 19 de diciembre de 1944. Vivió una vida de aventuras hasta la edad de ochenta y tres años. Sus restos fueron enterrados en el cementerio Hills of Eternity (situado en Colma, California) junto a Wyatt Earp. Incluso después de la muerte, la pareja era inseparable.

Capítulo 8 - La gran inundación de melaza de Boston: Un desastre pegajoso

Era el 15 de enero de 1919. No era más que otro día normal en el North End de Boston. Había salido el sol y sus rayos dorados brillaban sobre las estrechas calles. Sin embargo, el aire aún conservaba su frío invernal. Un grupo de niños que acababan de salir de la escuela Michelangelo se dirigía calle abajo. Uno de ellos era Anthony di Stasio, que caminaba de la mano con sus otras cuatro hermanas. Las risas de los niños llenaban el aire, al igual que el sonido de los cascos de los caballos sobre las calles empedradas.

De repente, se oyó un débil estruendo. Al principio nadie le dio importancia al ruido, pero a medida que aumentaba ligeramente, la gente empezó a mirar a su alrededor. Incluso Anthony se detuvo para intentar localizar la fuente del peculiar ruido. Las risas de los niños habían desaparecido, sustituidas por un fuerte estruendo y gritos. A lo lejos, un muro de líquido oscuro y brillante atravesó las calles, casi como un tsunami.

"¡Corran!" gritó Anthony a sus hermanas, pero era demasiado tarde. La espesa ola de melaza fue más rápida de lo que esperaban. Les golpeó con la fuerza de un maremoto. Los niños fueron arrastrados inmediatamente. Anthony luchó por mantener la cabeza por encima de la melaza. El dulce aroma del espeso líquido llenaba sus fosas nasales y la pesadez del sirope tiraba de él hacia abajo.

La ola devoró todo a su paso, desde niños hasta adultos. La melaza engulló incluso a veinte caballos que habían estado tranquilamente comiendo heno en sus establos. Gimoteaban e intentaban salir del torrente pegajoso, pero estaban indefensos. Al final, sólo sobrevivió un caballo. Sin embargo, sus heridas eran tan graves que el veterinario no tuvo más remedio que practicarle la eutanasia.

Los edificios no se salvaron de esta implacable y pegajosa inundación. Las ventanas se hicieron añicos y la madera se astilló cuando la melaza chocó contra ellas. El North End de Boston había cambiado por completo. Podían verse escombros flotando en el pegajoso mar marrón, cadáveres bajo el líquido y edificios completamente en ruinas o medio destruidos.

Anthony podía oír a su madre llamándole por su nombre, pero era débil. No tenía ni idea de dónde estaba. Intentó gritar pidiendo ayuda, pero la melaza le obstruyó la garganta en cuanto abrió la boca.

Entonces, la ola finalmente se calmó. Anthony estaba ahora en el suelo. Se oían crujidos de edificios parcialmente destruidos, algunos de los cuales estaban a segundos de derrumbarse. Podía oír los débiles llantos de la gente que le rodeaba. Finalmente, Anthony pudo abrir los ojos. Su visión se nubló cuando tres rostros familiares se cernieron sobre él. Aunque había alivio en sus rostros, también era visible el horror.

"Gracias a Dios", susurró una de sus hermanas mientras las lágrimas rodaban por sus mejillas.

Anthony parpadeó varias veces para aclarar su visión. Sin embargo, sólo podía ver a tres de sus hermanas.

La inundación fue un desastre de magnitud histórica. Los testigos dijeron que la imponente ola alcanzó alturas de hasta siete metros cuando atravesó las calles de Boston. Este oscuro jarabe fue capaz de sumergir partes de la ciudad entre medio metro y un metro de profundidad. La melaza recorrió las calles a una velocidad inimaginable de cincuenta y seis kilómetros por hora.

Por supuesto, toda tragedia tiene una causa. En cuanto a esta catástrofe en particular, todo empezó en las instalaciones de la Purity Distilling Company en el 529 de la calle Commercial, cerca de Keany Square. La empresa era una filial de United States Industrial Alcohol (USIA) (en español: *Alcoholes Industriales de Estados Unidos*). Había estado almacenando grandes cantidades de melaza en su enorme depósito de acero, destinado a la producción de alcohol industrial. Para contener tal cantidad de melaza, el tanque tenía que ser una estructura colosal. Medía quince metros de alto y noventa de diámetro. Era capaz de contener unos 8,7 millones de litros de melaza.

Varios factores contribuyeron al desastroso fallo del tanque. En primer lugar, hubo un problema con la temperatura. La temperatura había aumentado bruscamente del frío extremo de los días anteriores a unos inusualmente cálidos cuatro grados Celsius. Este cambio brusco de temperatura hizo que la melaza, que antes era espesa y densa por el frío, se volviera más líquida. La creación de dióxido de carbono durante la fermentación dentro del tanque empeoró las cosas, ya que elevó la presión interna. El aumento de la fluidez, combinado con la alta presión del tanque, fue demasiado para que la estructura pudiera soportarlo.

El tanque de melaza antes de la explosión[25]

Los investigadores también culpan a la mala construcción del tanque. Las paredes del tanque se construyeron demasiado finas, por lo que no resistió el inmenso peso y la presión del espeso líquido. Para empeorar las cosas, se descubrió que los remaches de la construcción del tanque estaban mal asegurados. Arthur Jell era el responsable de supervisar la construcción del tanque. Ya había varios indicios de una catástrofe a punto de producirse y, sin embargo, optó por descuidar las pruebas básicas de seguridad. Incluso ignoró las señales de peligro que salían del tanque cada vez que se llenaba.

La prohibición desempeñó un papel en los acontecimientos que condujeron a la tragedia. La Ley seca fue una restricción nacional del alcohol en Estados Unidos, establecida por la decimoctava enmienda de la Constitución. Esta enmienda fue promulgada el 16 de enero de 1919, y declaró ilegal la producción, venta o transporte de bebidas alcohólicas a partir de 1920. Por ello, los investigadores sospecharon que la Purity Distilling Company quería convertir la mayor cantidad posible de melaza en alcohol antes de que entrara en vigor la prohibición. La empresa aumentó la frecuencia y el volumen de los envíos de melaza al depósito, llevándolo al límite.

En cuanto a Anthony di Stasio, se enteró de que su hermana, María, estaba entre los que habían perecido en la tragedia. La noticia le golpeó como una segunda oleada, y probablemente fue más devastadora que la primera. Sin embargo, María no fue la única víctima. Más tarde se descubrieron otros veinte cadáveres, entre ellos el de otro niño de diez años.

En cuanto la situación estuvo bajo control, comenzaron las operaciones de rescate. Bajo el mando del teniente comandante H. J. Copeland, 116 cadetes de la Escuela Náutica de Massachusetts (ahora llamada Academia Marítima de Massachusetts) entraron en acción. Desde el muelle cercano (inicialmente estaban a bordo del buque USS *Nantucket*), estos valientes cadetes se dirigieron tan rápido como pudieron hacia el lugar de la tragedia. Los curiosos también acudieron a la escena, pero los cadetes los mantuvieron a raya. Esto se hizo para que el público no interfiriera en la misión, ya que eso podría provocar otro accidente.

Las consecuencias del desastre de la Melaza de Boston[36]

Más tarde llegó más ayuda, incluida la Cruz Roja, el Ejército y el Departamento de Policía de Boston. Las enfermeras trabajaron durante toda la noche; hubo que tratar a unos 150 supervivientes. Debido al gran número de víctimas, se tuvieron que preparar hospitales improvisados en edificios cercanos.

La misión de rescate fue todo un reto debido en gran parte a las propiedades espesas y pegajosas de la melaza. A los rescatadores les resultaba difícil moverse y liberar a las víctimas del sirope requería un esfuerzo considerable. La búsqueda de las víctimas duró cuatro días.

Identificar a los fallecidos fue otro reto. Los cuerpos estaban glaseados casi por completo con el espeso sirope marrón. Incluso sus familiares necesitaron algún tiempo para reconocerlos.

La melaza se filtró en todo, incluidos los andenes del metro y las calles. Fue inimaginablemente pegajosa en cientos de hogares, teléfonos públicos y vagones de tren. El impacto medioambiental y económico en el barrio y en la propia ciudad fue inmenso. Se tardaron meses en limpiar el lodo espeso y pegajoso que cubría las calles y edificios del concurrido North End de Boston. La vida vegetal también se vio afectada por la melaza. Había contaminado el suelo al filtrarse en la tierra. Se necesitaron numerosos trabajadores y cuantiosos recursos para la limpieza, lo que desvió dinero y tiempo de otros importantes proyectos locales.

Los comercios locales fueron algunos de los que tuvieron que pagar la tragedia. Los propietarios de los negocios encontraron sus mercancías y sus tiendas completamente arruinadas. No les quedó más remedio que paralizar sus operaciones. Esta catástrofe trastornó también el sistema de transportes de la ciudad, ya que las líneas de tren y los andenes del metro tuvieron que ser limpiados a fondo antes de poder funcionar. Aunque algunos negocios pudieron recuperarse, muchos otros nunca lo hicieron del todo.

El tren elevado dañado por la catástrofe[27]

La catástrofe no se debió a la madre naturaleza. Por ello, las víctimas y sus familias se propusieron llevar el asunto a los tribunales. Presentaron una demanda colectiva contra USIA, acusándoles de negligencia en la construcción y el mantenimiento del tanque de melaza. El juicio se prolongó durante más de cinco años. Se acumularon pruebas que demostraban que el tanque no había sido examinado a fondo y había sido construido de forma inadecuada. Según un testimonio, se reveló que Arthur Jell no tenía formación en ingeniería o arquitectura. También se confirmó que no había tenido en cuenta múltiples indicios de la inestabilidad del tanque.

Otra prueba impactante reveló que el tanque ya tenía fugas desde el principio, una indicación directa de que no era estructuralmente sólido. Sin embargo, USIA lo ignoró y siguió utilizando el tanque. Los informes en los que se aconsejaba a los trabajadores que pasaran por alto las fugas y los ruidos extraños procedentes del tanque -que se pintó de marrón para ocultar los continuos goteos de melaza- expusieron aún más la incompetencia de la empresa.

El tribunal falló a favor de los demandantes; USIA era responsable del accidente. En consecuencia, se condenó a la empresa a indemnizar a las víctimas y a sus familias por lo que tuvieron que pasar. Esta sentencia supuso una gran victoria para los supervivientes. También sentó un precedente para responsabilizar a las empresas de su mala conducta. A raíz de esta catástrofe, se mejoraron las normas de seguridad industrial.

La historia de esta desgarradora tragedia sigue transmitiéndose de generación en generación, aunque muchos fuera de Boston no están muy familiarizados con ella. Se han construido monumentos y marcadores históricos como homenaje a las víctimas. Aunque la catástrofe ocurrió hace muchos años, algunos afirman que el sutil olor a melaza aún perdura en el aire, especialmente cuando llega el verano.

Capítulo 9 - La batalla de Little Bighorn y más allá

Muchos estarán de acuerdo en que la expansión hacia el oeste de Estados Unidos, que tuvo lugar en el siglo XIX, fue uno de los capítulos más importantes de la historia estadounidense. Esta expansión estuvo impulsada por una serie de factores, pero se debió principalmente a las oportunidades económicas. En aquella época, todas las naciones del mundo estaban inmersas en una carrera que no tenía línea de meta; todos querían llevar sus economías a nuevas alturas. Así pues, no fue una sorpresa que los colonos estadounidenses decidieran dirigir su mirada hacia el oeste, donde había tierras fértiles para que prosperaran diversos cultivos y un tesoro de oro y otros minerales preciosos.

Estos colonos estadounidenses llevaban la idea del destino manifiesto muy cerca de sus corazones. Creían que estaban destinados por Dios a extender su civilización por todo el continente. La Ley de Asentamientos Rurales (en inglés: *Homestead Act*) de 1862 hizo que los colonos acudieran en masa a las desconocidas tierras del oeste; la ley les proporcionaba tierras gratuitas siempre que estuvieran dispuestos a cultivarlas.

A los colonos se les dio la oportunidad de un nuevo comienzo y la posibilidad de crear una fortuna si se trasladaban al oeste. Sin embargo, la expansión en realidad sólo benefició a una parte. Las tribus nativas americanas, que durante mucho tiempo habían llamado a estas tierras su hogar, tuvieron que pagar el precio.

El 27 de noviembre de 1868 es una fecha para recordar. Fue el día en que el general George Armstrong Custer dirigió su 7° Regimiento de Caballería hacia un pequeño poblado a orillas del río Washita. Los habitantes eran la tribu cheyenne del sur.

Cuando los primeros rayos de sol brillaron en el cielo, Custer ordenó a sus hombres que cargaran. La caballería no se contuvo. Arrollaron el poblado y diezmaron no sólo a los guerreros de los cheyennes del sur, sino también a mujeres y niños inocentes. Los que sobrevivieron se enfrentaron a la captura. Todo el poblado fue incendiado. Custer también ordenó a sus hombres que destruyeran los suministros de invierno de la tribu.

La batalla de Washita pasó a los libros de historia; a menudo se la conoce como la primera victoria sustancial de los estadounidenses en las Guerras Indias norteamericanas. Para los colonos, las secuelas de la batalla fueron un triunfo de la civilización sobre el salvajismo. Estaban un paso más cerca de alcanzar su destino. Sin embargo, para los cheyennes fue una sangrienta masacre.

Los colonos ofrecieron tratados a las tribus nativas americanas. Sin embargo, no eran más que simples firmas y palabras entintadas en un papel. Los tratados se rompieron repetidamente y se reanudó la invasión de las tierras tribales. Las tensiones estaban siempre presentes en el oeste y los conflictos eran inevitables.

Otra fecha importante fue el 25 de junio de 1876. El elemento clave en el lado estadounidense del campo de batalla fue una vez más el general Custer. Esta vez, la batalla tuvo lugar en medio de las onduladas colinas de Montana, cerca del río Little Bighorn. Basándose en sus éxitos anteriores, Custer estaba confiado. Ignoraba el hecho de que esta misma batalla se conocería como la "última defensa de Custer".

El famoso general y sus fuerzas encontraron su destino cerca de este río. A pesar de perder la batalla, este momento se ganó un lugar en la historia de Estados Unidos. Durante años, Custer y sus fuerzas fueron aclamados como héroes. Murieron heroicamente en un intento de acabar con el llamado salvajismo en el indómito oeste. Muchos libros de texto lo retrataron como una leyenda estadounidense.

Sin embargo, es casi imposible separar los prejuicios de la historia. Los registros fueron escritos a menudo por los vencedores. Escribían de forma que se oscureciera la verdad. La esposa de Custer se pasó la vida asegurándose de que el nombre de su marido no cayera en el olvido.

Durante muchas décadas, la narración de la Batalla de Little Bighorn se centró en el general, mientras que las perspectivas de los nativos americanos sobre la batalla fueron a menudo olvidadas.

La batalla de Little Bighorn a los ojos de los nativos

Según los relatos de los nativos americanos, la historia comienza con una reunión de líderes de las tribus lakota, cheyenne del norte y arapajó. Una figura se alzó ante el resto. Se trataba de Toro Sentado, un hombre santo muy respetado de los hunkpapa lakota. Con voz firme, animó a su pueblo a luchar.

"¡No piensen en ustedes, sino en nuestros antepasados e hijos!", dijo. "Esta tierra es nuestro corazón palpitante. Tenemos que defenderla con nuestras vidas".

Su pueblo rugió de acuerdo, incluido Caballo Loco, un venerado líder guerrero oglala lakota. Había un sentimiento de fuerte unidad entre las tribus; estaban decididos a enfrentarse a los colonos y proteger lo que era suyo. Empezaron a prepararse para la inminente guerra.

Unas pocas semanas era todo lo que tenían. Toro Sentado realizó la Danza del Sol durante dos días sin descanso, con la esperanza de que los ancestros le concedieran una visión que pudiera guiar a su pueblo hacia la victoria. El ritual, sin embargo, no era para los débiles. Se creía que Toro Sentado también sacrificó cien trozos de carne cortados de su brazo para la ceremonia.

Cuando el sol abrasaba la tierra el último día de la ceremonia, Toro Sentado empezó a tambalearse y acabó por desplomarse. Pudo parecer inconsciente a la gente que le rodeaba, pero Toro Sentado estaba presenciando supuestamente una visión.

Cuando recobró el conocimiento, Toro Sentado se apresuró a informar a su pueblo de lo que había visto. En su visión, vio a docenas de soldados entrando en una aldea. El estado de estos soldados le llamó la atención. Cargaban hacia la aldea en posición invertida, lo que fue interpretado como un buen augurio. Era una clara señal de que la victoria era suya.

Finalmente llegó el día. El 25 de junio de 1876, los nativos americanos pudieron oír el lejano tronar de los cascos cuando los invasores avanzaron hacia Little Bighorn. Mientras Custer y su 7º de Caballería se sentían fortalecidos por sus victorias anteriores, los nativos americanos se sentían inspirados por la visión de Toro Sentado. Sabiendo que el espíritu de sus antepasados estaba con ellos, su moral y determinación eran extremadamente altas.

La caballería estadounidense se acercó de frente, sólo para encontrarse con un fuerte muro de resistencia. Los valientes guerreros, liderados por Caballo Loco, se movieron rápidamente para combatir a los invasores. Los gritos de batalla surcaron el aire mientras los nativos americanos cargaban valientemente contra el enemigo que había estado invadiendo sus tierras.

Los nativos americanos ejecutaron un conjunto estratégico de maniobras de flanqueo y rodearon a los soldados de caballería estadounidenses. Los guerreros les cortaron la retirada y les superaron en número. Es seguro decir que la caballería de Custer fue sorprendida con la guardia baja y el pánico comenzó a consumirlos. Lucharon por mantener sus líneas mientras los guerreros nativos americanos cargaban continuamente.

Los guerreros nativos americanos diezmando a la caballería de Custer[38]

El 7º de caballería no podía lograr la victoria a menos que hubiera algún tipo de intervención divina. Al final del día estaban diezmados; incluso el propio Custer yacía sin vida en el ensangrentado campo de batalla.

Esta victoria podría parecer un triunfo militar más, pero fue mucho más que eso a los ojos de los nativos americanos. Su éxito fue un símbolo de resistencia y una prueba fehaciente de que su espíritu no podía quebrarse fácilmente.

Representación de un artista cheyenne de la Batalla de Little Bighorn[99]

Sin embargo, la batalla de Little Bighorn dejó tras de sí una trágica consecuencia para las tribus. Mientras éstas se regocijaban por su éxito, el gobierno estadounidense tomó la iniciativa de intensificar sus campañas militares. Convencido de la necesidad de aplastar la resistencia de los nativos americanos de una vez por todas, el gobierno se lanzó a una persecución implacable de éstos, especialmente de sus líderes. Llegaron más tropas a las tierras del oeste y el gobierno invirtió más recursos en la misión. Durante los meses siguientes, se produjeron más traslados forzosos y las escaramuzas se hicieron increíblemente frecuentes.

Sin inmutarse, Toro Sentado y Caballo Loco continuaron su resistencia, aunque el poderío militar del gobierno estadounidense resultó ser demasiado abrumador para ellos. Caballo Loco fue capturado en 1877 y llevado a Camp Robinson en Nebraska. La batalla de Little Bighorn había tenido lugar ni siquiera un año antes. Caballo

Loco fue finalmente asesinado por una bayoneta en septiembre de 1877 cuando intentaba evitar su encarcelamiento.

Toro Sentado, por su parte, logró evitar su captura durante varios años. Incluso consiguió conducir a varios de los suyos a Canadá. Aquí, los supervivientes tuvieron la oportunidad de buscar refugio y, con suerte, encontrar la paz. Por desgracia, la vida no fue fácil para ellos en Canadá. El gobierno no podía proporcionarles ayuda a largo plazo, ya que sus recursos eran limitados. Así que a Toro Sentado no le quedó más remedio que regresar a Estados Unidos en 1881. Finalmente se rindió tras la implacable persecución de las autoridades. Esperaba que al entregarse su pueblo se salvaría y recibiría alimentos.

Toro Sentado fue hecho prisionero de guerra durante dos años. Fue liberado en 1883 para reunirse con el resto de su pueblo en la reserva de Standing Rock, en la actual Dakota del Sur, donde vivió bajo la atenta mirada de los agentes indios. Toro Sentado ya no era una amenaza militar a ojos del gobierno estadounidense, pero su inmensa influencia preocupaba a las autoridades.

Las tensiones volvieron a aumentar en 1890 cuando el gobierno estadounidense recibió noticias del movimiento Danza de los espíritus. Los funcionarios temían que se produjera otro levantamiento. Aunque Toro Sentado no participó activamente en el movimiento de la Danza de los espíritus, las autoridades seguían sospechando de él. El 15 de diciembre de 1890, el gobierno dio órdenes a los agentes indios. Debían rodear la cabaña de Toro Sentado. Este fue el final del camino para Toro Sentado, ya que fue abatido a tiros tras un forcejeo.

Los apaches y Gerónimo

No fue la única vez que los nativos americanos mostraron ferozmente su oposición. Ocurría a menudo, pero echemos un vistazo más al sur, donde vivían los apaches. Aquí, las autoridades tenían que vigilar a cierto hombre llamado Gerónimo.

Como muchas otras tribus nativas americanas, los apaches se habían visto envueltos en varias escaramuzas con el gobierno estadounidense. Éstas se conocen como las guerras apaches. Todo empezó a principios de la década de 1850, cuando Estados Unidos intentaba ampliar su territorio tras la guerra entre México y Estados Unidos. Como resultado del Tratado de Guadalupe Hidalgo de 1848, grandes porciones de lo que hoy es el suroeste estadounidense fueron cedidas a EE. UU. Estas regiones incluían tierras tradicionalmente habitadas por los apaches.

Los apaches sufrieron la presión de los colonos mexicanos y estadounidenses. Estas presiones se convirtieron en escaramuzas cuando se descubrió oro en California y otras partes del oeste. La violencia y las invasiones nunca desanimaron demasiado a los apaches. Los apaches eran hábiles guerreros y todos ellos poseían un conocimiento excepcional del duro terreno desértico. A menudo empleaban tácticas de guerrilla contra sus enemigos antes de desaparecer en las indómitas tierras salvajes. Sin embargo, cuanto más éxito alcanzaban estos nativos americanos, más duras eran las medidas adoptadas por el ejército estadounidense. Sabían que tenían que someter a cualquier apache que les desafiara, así que optaron por recurrir a tácticas despiadadas, incluida la de tierra quemada.

Fue durante este periodo de penurias cuando Gerónimo consiguió labrarse un nombre como figura legendaria. Nacido en lo que hoy es Arizona en 1829, Gerónimo pasó sus primeros años de vida rodeado de la agreste belleza del desierto. El ascenso de Gerónimo a la rebeldía comenzó en 1858 cuando los soldados mexicanos irrumpieron en su campamento. Asesinaron a su mujer, a sus hijos y a su madre. Esta pérdida encendió sin duda un fuego de venganza y odio en su interior. Su odio, sin embargo, no carecía de rumbo; sólo deseaba mostrar su desafío a aquellos que pretendían destruir a más de su pueblo. Y así, juró seguir luchando y expulsando a los invasores de las tierras de sus antepasados hasta su último aliento.

Gerónimo (a la derecha) en 1886, junto a otros tres guerreros apaches[80]

Gerónimo dirigió a su pueblo en muchas incursiones audaces. Su conocimiento del terreno combinado con su pensamiento estratégico eran un don, y fue capaz de eludir su captura en múltiples ocasiones. Aunque los guerreros nativos americanos le veneraban, pronto fue calificado como una de las mayores amenazas por el ejército estadounidense.

A mediados de la década de 1880 erosionó aún más su relación con el gobierno estadounidense. El líder apache no se conformaba con estar confinado en una reserva. Se atrevió a escapar de la reserva en la que se había visto forzado, llevando consigo a algunos de sus seguidores más leales. El grupo se embarcó en otra misión de resistencia. Hicieron uso de su habilidad para golpear y huir, manteniendo en vilo al ejército estadounidense. Gerónimo logró eludir su captura durante años.

Sin embargo, es casi imposible que una persona viva una vida a la fuga. El agotamiento y la disminución de los suministros hicieron que Gerónimo y sus guerreros se entregaran al general Nelson A. Miles en septiembre de 1886. Después fueron transportados a Fort Bowie, Arizona, antes de trasladarse a Fort Pickens en Pensacola, Florida. Las duras condiciones de los fuertes en los que estuvieron recluidos hicieron mella en su salud.

En 1887, Gerónimo y sus guerreros se enfrentaron a otro traslado. El ejército estadounidense deseaba ponerlos lo más lejos posible de su tierra natal. Los llevaron al cuartel de Mount Vernon, en Alabama, y más tarde, en 1894, a Fort Sill, en la actual Oklahoma. Aquí, Gerónimo y sus guerreros pasaron el resto de sus vidas.

Aunque Gerónimo permaneció prisionero de guerra hasta el final de su vida, su influencia fue ampliamente conocida. Además de tener su propia autobiografía (*Gerónimo, historia de su vida*), se le permitió aparecer en varios actos públicos, como la Exposición Universal de San Luis de 1904 y la toma de posesión del presidente Theodore Roosevelt en 1905. Acabó convirtiéndose al cristianismo en 1903, aunque también se dice que tenía sentimientos encontrados hacia la religión.

Gerónimo murió el 17 de febrero de 1909, posiblemente debido a una neumonía.

La tumba de Gerónimo en Fort Sill[11]

Muchos estarían de acuerdo en que estos levantamientos de los nativos americanos dejaron un gran impacto en la sociedad. Aunque estos actos de resistencia fueron finalmente sofocados, mostraron el descontento y las luchas de los nativos americanos. Sus poblaciones se redujeron considerablemente y muchos supervivientes se vieron obligados a trasladarse. Los tratados se rompían constantemente y los colonos perturbaron sus modos de vida tradicionales.

Estas historias de resistencia reflejan el orgullo y la unidad de las comunidades nativas americanas. A día de hoy, las batallas legales por los derechos sobre la tierra continúan. Se están llevando a cabo numerosos esfuerzos para abordar los agravios históricos y las tierras perdidas.

Capítulo 10 - La masacre de Black Wall Street

Tres décadas después de la abolición de la esclavitud, los afroamericanos seguían estando muy familiarizados con la injusticia. Las promesas de libertad e igualdad demostraron no ser más que palabras vacías en muchas partes del país con la introducción de las leyes Jim Crow. Estas leyes se pusieron en vigor tras el periodo de Reconstrucción. Pretendían imponer la segregación racial y mantener la supremacía blanca. Muchos blancos estaban a favor de las leyes Jim Crow, ya que las consideraban una medida necesaria para mantener el orden social y evitar la mezcla racial.

A los de color se les situaba en el nivel más bajo de la jerarquía. Los afroamericanos eran tratados como ciudadanos de segunda clase. Debido a las leyes Jim Crow, tenían que vivir una vida controlada por limitaciones sociales y legales. Era habitual encontrar carteles que decían "sólo blancos" o "de color". La segregación racial se aplicaba a los parques públicos, las escuelas, el transporte público e incluso los baños.

Aunque el mundo había avanzado, el racismo y los prejuicios persistían. A los afroamericanos no sólo se les negaban los derechos básicos, sino que a muchos también se les negaban las oportunidades de lograr una vida mejor.

Cartel de la sala de espera "de color" en una estación de autobuses de Durham, Carolina del Norte, c. 1940[88]

El comienzo de Greenwood

O. W. Gurley era hijo de dos esclavos liberados. Desde muy joven, Gurley tuvo una visión. Quería superar las limitaciones que le imponía su raza. Tal vez gracias a que sus padres le enseñaron el valor de la educación y del trabajo duro, Gurley aprendió por sí mismo a leer y escribir.

Cuando se adentró en el mundo como joven adulto, Gurley se convirtió en profesor. Su amor por la educación le hizo desear compartir su valor con las generaciones más jóvenes. Sin embargo, la educación no era su única pasión. Tenía ambición y un gran espíritu emprendedor. Así que decidió buscar mayores oportunidades. Gurley acabó ganándose un puesto trabajando en el Servicio Postal de los Estados Unidos, que era un puesto estable y bien pagado para un hombre negro en aquella época.

Sin embargo, su corazón no estaba contento. A los veinticinco años, Gurley participó en la apertura del Cherokee Outlet. Esta carrera por la tierra vio a miles de colonos correr para reclamar parcelas de tierra en lo que hoy es Oklahoma. El acontecimiento no era para los débiles de corazón. Los colonos utilizaron todos los medios posibles para reclamar sus tierras. Algunos montaban a caballo y conducían carros, y otros corrían a pie. Gurley y su mujer, Emma, tuvieron que correr ochenta kilómetros antes de llegar a una zona de praderas. Allí se establecieron, lo que pronto se conocería como Perry, Oklahoma.

Tras el éxito de su reclamación de tierras, Gurley se presentó como candidato al puesto de tesorero del condado. Esto no funcionó, aunque nunca dejó de contribuir a su comunidad. Asumió el cargo de director de la escuela del pueblo y regentó una tienda de ramos generales durante al menos una década.

En 1905, Gurley dio un paso audaz. Oyó noticias de enormes yacimientos petrolíferos en la cercana ciudad en auge de Tulsa. Reconociendo la importancia del petróleo, Gurley sabía que podía aportar más. Compró un terreno en el lado norte de las vías del tren de Frisco, donde Gurley comenzó su gran plan. Ideó los planos de una ciudad en la que los afroamericanos pudieran prosperar.

Sabiendo que Tulsa pronto recibiría una oleada de esclavos y aparceros liberados, Gurley abrió una tienda de comestibles para proporcionarles artículos de primera necesidad. Éste fue el comienzo de la avenida Greenwood. A continuación, Gurley dividió sus tierras en varios lotes, que se convirtieron en viviendas y comercios. Estos lotes se vendieron exclusivamente a afroamericanos. Su visión se iba convirtiendo poco a poco en realidad. El distrito mostraba signos convincentes de crecimiento.

Como era de esperar, Tulsa experimentó un gran auge en las dos primeras décadas del siglo XX. Pasó de ser un pueblecito polvoriento a una floreciente metrópolis. Tulsa fue nombrada capital mundial del petróleo y su población se disparó.

Greenwood también experimentó una impresionante transformación. En 1920, el distrito se había ampliado hasta abarcar más de treinta y cinco manzanas. Greenwood era un crisol de empresarios. Incluso se ganó el apodo de "Black Wall Street". John Williams y su esposa Loula fueron algunos de los muchos empresarios de éxito que prosperaron en Greenwood. Eran propietarios de una confitería y ambos construyeron más tarde el teatro Dreamland. Otro nombre familiar en la comunidad era Simon Berry. Fue el cerebro de la red de transporte (que incluía los Ford Modelo T y autobuses) desde Greenwood hasta el centro de Tulsa. Una vez que su negocio creció, Berry amplió sus servicios para incluir el alquiler de *jets* para los ricos petroleros de Tulsa.

El distrito tenía incluso sus propias publicaciones, como el *Tulsa Star*, que fue idea de A. J. Smitherman. Este medio de comunicación, junto con otras publicaciones locales, ayudó a los residentes de Greenwood a mantenerse informados y conectados.

Greenwood se había convertido en una auténtica ciudad. Presumía de casi todo. Había salas de billar, talleres de reparación de automóviles, salones de belleza, una pista de patinaje, varias tiendas de comestibles, barberías y también funerarias. Sus residentes también podían hacer uso de los servicios de la comunidad, como un hospital y una subestación del Servicio Postal de los Estados Unidos.

Económicamente, a Greenwood le iba excepcionalmente bien. Las empresas se apoyaban mutuamente, de modo que cada dólar gastado en el distrito circulaba dentro de la comunidad casi treinta veces. Greenwood también tenía residentes que llevaban la religión cerca del corazón. Varias iglesias encontraron un hogar en el distrito, siendo la más famosa la Iglesia Bautista del Monte Sion.

En la comunidad se dio prioridad a la educación. Incluso se construyó una escuela secundaria de élite en Greenwood. Bautizada con el nombre de Booker T. Washington (uno de los educadores afroamericanos más influyentes), la escuela contaba con un extenso plan de estudios destinado a preparar a sus alumnos para ingresar en estimadas universidades. Se les impartían una serie de asignaturas que iban desde inglés, ciencias y arte hasta historia antigua, latín y álgebra. Algunos de los profesionales mejor pagados de Greenwood eran profesores.

En cuanto a O. W. Gurley, su andadura no terminó con el establecimiento de Greenwood. A medida que el distrito ganaba más influencia, aprovechó la oportunidad para ampliar sus empresas. Parte de sus ganancias procedían del alquiler de algunos edificios de su propiedad: tres edificios de apartamentos de ladrillo y cinco casas adosadas situadas cerca de su tienda de alimentos. Otra parte de su fortuna procedía del Hotel Gurley y de la Logia Masónica. También tenía un negocio en la agencia de empleo, que se centraba en los trabajadores emigrantes. Gurley fue asignado como ayudante del sheriff, lo que le dio el poder de vigilar a la comunidad negra. En su mejor momento, Gurley llegó a valer más de 150.000 dólares, lo que equivaldría aproximadamente a 5 millones de dólares en la moneda actual.

Greenwood fue el hogar de otra figura influyente. J. B. Stradford era un destacado abogado y hombre de negocios. Era propietario del Hotel Stradford, una parada famosa entre los viajeros negros. El hotel era tan lujoso que se ganó una reputación a nivel nacional. Era popularmente conocido como una de las mayores propiedades de propiedad negra en los Estados Unidos de la época.

A día de hoy, Greenwood es un poderoso ejemplo de lo que se puede conseguir a pesar de la opresión sistémica. Desgraciadamente, Greenwood sólo disfrutaría de su prosperidad durante unas dos décadas antes de que ocurriera algo terrible.

La masacre sangrienta

La infame masacre racial de Tulsa ocurrió en 1921. Comenzó con una falsa acusación que implicaba a un joven afroamericano limpiabotas llamado Dick Rowland. El 30 de mayo de 1921, se dijo que Rowland había entrado en un ascensor del edificio Drexel. Esperaba utilizar el baño de la última planta. Dentro del ascensor había también una mujer blanca llamada Sarah Page. Lo que ocurrió en el ascensor sigue sin estar claro. Algunos informaron de que Rowland tropezó con Page o le pisó accidentalmente el pie. Ocurriera lo que ocurriera, Rowland huyó tras el incidente, pero fue detenido al día siguiente y acusado de agresión.

Aunque nadie pudo confirmar lo ocurrido durante el incidente (no hubo testigos), el nombre de Rowland quedó manchado. Los rumores sobre la supuesta agresión se extendieron por Tulsa. Los polémicos titulares de los periódicos locales encendieron las tensiones raciales, que habían estado a punto de llegar a un punto de ebullición.

Una turba de blancos se reunió frente al tribunal donde Rowland estaba detenido. Exigieron su linchamiento. Esta escena aumentó el miedo entre la comunidad negra. Un grupo de hombres negros armados -la mayoría de ellos eran veteranos de la Primera Guerra Mundial- se dirigieron al juzgado para proteger a Rowland de cualquier daño. La comunidad negra quería asegurarse de que Rowland recibiera un juicio justo.

De repente, se oyó un disparo. Nadie sabe quién lo disparó, pero desencadenó una cadena de violencia. La turba blanca no dudó en sembrar el caos. Sabiendo que no había vuelta atrás, a los residentes de Greenwood no les quedó más remedio que defender sus casas y los negocios que habían construido durante años. Sin embargo, estaban ampliamente superados en número y en armamento.

El caos se apoderó del distrito negro la noche del 31 de mayo 1921. Las turbas blancas habían recibido armas de las autoridades locales y atacaron el distrito. Irrumpieron en las casas y las saquearon. Los negocios fueron incendiados con antorchas y armas incendiarias. El cielo no brillaba con estrellas; la noche se volvía brillante con las llamas. Hubo incluso aviones (algunos dijeron que los proporcionaban las compañías petroleras locales) que lanzaron bombas incendiarias sobre las casas y los negocios de Greenwood.

La destrucción continuó hasta la mañana del 1 de junio. Aunque Greenwood ya se encontraba en un estado de destrucción casi total, miles de alborotadores blancos cargaron contra el distrito. Dispararon a todo residente que vieron y quemaron todo lo que encontraron a su paso. Las familias huyeron para salvar sus vidas. Buscaron desesperadamente refugio donde pudieron. Los ruidos de la vida cotidiana fueron sustituidos por los gritos desgarradores de los heridos y los moribundos.

El estado de Greenwood durante la masacre[33]

La masacre duró menos de veinticuatro horas, pero la destrucción fue inmensa. Black Wall Street quedó reducida a cenizas. Al menos treinta y cinco manzanas se habían derrumbado o incendiado. Trescientos residentes afroamericanos yacían sin vida en las calles. Esta cifra, sin embargo, es sólo una estimación. Es imposible confirmar cuántos perecieron durante la masacre. Sólo se encontraron unos pocos cuerpos. Se cree que el resto fue enterrado en una fosa común; aún no se ha descubierto el lugar exacto.

Los que sobrevivieron se quedaron sin nada. A pesar de que este horrible episodio ha sido calificado como una de las mayores masacres raciales de la historia, ninguno de los blancos implicados fue nunca procesado ni castigado.

Greenwood después de la masacre[34]

A causa de un pequeño incidente que probablemente fue muy exagerado, Greenwood sufrió un desastre económico masivo. Empresas que habían tardado años en establecerse se arruinaron en cuestión de horas.

A las familias supervivientes ni siquiera les quedó nada para reconstruir sus casas y negocios. Recurrieron a las compañías de seguros, pero éstas utilizaron las cláusulas de exclusión por disturbios como justificación para rechazar sus reclamaciones. La comunidad se encontraba en un estado de tortura mental. No sólo lloraban la pérdida de sus seres queridos, sino que también tenían que lidiar con el miedo, la ansiedad y la desesperación causados por la violenta e injusta destrucción. Estas cicatrices psicológicas perdurarían durante generaciones.

A pesar de este terrible episodio, los residentes de Greenwood se negaron a rendirse. Trabajaron juntos para reconstruir su comunidad.

Las iglesias, que siempre habían sido una fuente de aliento, desempeñaron un enorme papel en los esfuerzos de recuperación. De entre los escombros de la destrucción, resurgieron los negocios.

Postales con imágenes de los afroamericanos capturados tras la masacre, que sirvieron de recuerdo para los coleccionistas blancos[35]

Mientras la comunidad intentaba buscar justicia, las autoridades hacían la vista gorda. La masacre racial de Tulsa quedó fuera de los libros de historia oficiales y del discurso público durante muchos años. No fue hasta finales del siglo XX y principios del XXI cuando por fin se reconoció la masacre.

Conclusión

A medida que las páginas de este libro se acercan a su fin, imagine las innumerables historias no contadas que han cobrado vida en estos capítulos. Cada relato ha revelado una faceta única del pasado de Estados Unidos, arrojando luz sobre acontecimientos e individuos a menudo pasados por alto por la historia convencional.

Imagine el ingenioso Ejército Fantasma de la Segunda Guerra Mundial, una unidad secreta cuyos creativos engaños despistaron a las fuerzas enemigas y alteraron el curso de las batallas. Imagínese el perdurable misterio de la colonia perdida de Roanoke, donde todo un asentamiento desapareció sin dejar rastro, dejando tras de sí sólo preguntas y especulaciones. Reflexione sobre las rebeliones de esclavos que sacudieron el sur, donde valientes individuos se alzaron contra sus opresores, desafiando la brutal institución de la esclavitud.

Estas historias están unidas por hilos de coraje, resistencia e innovación. Pintan una imagen más amplia e inclusiva de la historia estadounidense, destacando las contribuciones de aquellos que de otro modo permanecerían en la sombra. Al sacar a la luz estos relatos, se logra una comprensión más rica del pasado, que honra la diversidad de experiencias y voces que han dado forma a la nación.

Deje que la curiosidad que despiertan estos cuentos inspire una mayor exploración. Busque historias que desafíen los relatos convencionales y amplíen el alcance de la comprensión. La historia no es un registro estático, sino un diálogo en evolución, que invita al descubrimiento y la reinterpretación de forma continua. Al ahondar en las facetas ocultas del pasado, surgen nuevas percepciones que ofrecen una perspectiva más matizada del presente.

Innumerables historias aguardan a ser descubiertas, cada una de las cuales añade otra capa al intrincado retrato del pasado de Estados Unidos. Deje que este libro sea el comienzo de su viaje para explorar las múltiples dimensiones de la historia que siguen dando forma a nuestro mundo.

Vea más libros escritos por Matt Clayton

Bibliografía

Alexander, Kathy. "Pearl Hart – Lady Bandit of Arizona." Legends of America, n.d. https://www.legendsofamerica.com/we-pearlhart/.

Andrews, Evan. "7 Things You May Not Know About Geronimo." History, April 3, 2024. https://www.history.com/news/7-things-you-may-not-know-about-geronimo.

Boessenecker, J. "The True Story of Pearl Hart, Straight-Shooting, Poetry-Writing Woman Bandit," Literary Hub. November 11, 2021. https://lithub.com/the-true-story-of-pearl-hart-straight-shooting-poetry-writing-woman-bandit/.

Carlton, Genevieve. "Meet Josephine Earp, the Mysterious Wife of Wyatt Earp." All That's Interesting, December 11, 2021. https://allthatsinteresting.com/josephine-earp.

Carr, E. Patrick. "Norton I, Emperor of the United States," n.d. https://www.molossia.org/norton.html.

DeCosta-Klipa, Nik. "It's Been Exactly 98 Years Since a Giant Wave of Molasses Killed 21 People in Boston." Boston.com, January 17, 2017. https://www.boston.com/news/history/2017/01/15/its-been-exactly-98-years-since-a-giant-wave-of-molasses-killed-21-people-in-boston/.

"Eleanore Dumont – Madame Mustache Plays to the West," Legends of America, n.d. https://www.legendsofamerica.com/we-eleanoredumont/.

"Emperor Norton: Life & Legend," The Emperor Norton Trust, n.d. https://emperornortontrust.org/emperor/life.

Gara, Antoine. "The Baron of Black Wall Street." Forbes, May 31, 2021. https://www.forbes.com/sites/antoinegara/2020/06/18/the-bezos-of-black-wall-street-tulsa-race-riots-1921/.

"Geronimo," Biography, February 22, 2024. https://www.biography.com/political-figures/geronimo.

Hewitt, Les. "Hellfire Club History: Beginnings of the Infamous Secret Society." Historic Mysteries, September 16, 2020. https://www.historicmysteries.com/history/hellfire-club/4225/.

"Jermain Wesley Loguen," National Underground Railroad Freedom Center, n.d. https://freedomcenter.org/heroes/jermain-wesley-loguen/.

Johns, Kieren. "Spartacus: What Is the True Story of the Slave Who Led a Rebellion?" TheCollector, September 14, 2023. https://www.thecollector.com/spartacus-gladiator/.

"Laura Smith Haviland," National Abolition Hall Of Fame And Museum. n.d. https://www.nationalabolitionhalloffameandmuseum.org/laura-smith-haviland.html.

Levi, Ryan. "America's Emperor, San Francisco's Treasure: Who Was Emperor Norton?" KQED, November 21, 2023. https://www.kqed.org/news/11652705/americas-emperor-san-franciscos-treasure-who-was-emperor-norton.

Melton, J. Gordon. "Rosicrucian | Definition, History, & Facts." Encyclopedia Britannica, July 20, 1998. https://www.britannica.com/topic/Rosicrucians.

Milligan, Mark. "The Secret Hellfire Club." HeritageDaily, November 2, 2021. https://www.heritagedaily.com/2020/08/the-secret-hellfire-club-and-the-hellfire-caves/134801.

Onion, Rebecca. "Postcards Celebrating the Ruins of Black Neighborhoods After the Tulsa Race Riot of 1921." Slate Magazine, July 29, 2014. https://slate.com/human-interest/2014/07/tulsa-race-riot-history-postcards-made-with-images-of-ruins-of-black-communities.html.

"Operation Brest | the Ghost Army Legacy Project," n.d. https://ghostarmy.org/about/operation-brest/#:~:text=August%2020%2D27%2C%201944&text=Operation%20BREST%20marked%20the%20first,midst%20of%20a%20major%20battle.

Powers, Thomas. "How The Battle of Little Bighorn Was Won." Smithsonian Magazine, November 17, 2013. https://www.smithsonianmag.com/history/how-the-battle-of-little-bighorn-was-won-63880188/.

Schiavino, G.R. "The Notorious Pearl Hart." American Cowboy, June 14, 2023. https://americancowboy.com/people/pearl-hart-female-outlaw-yuma-territorial-prison/.

Significance, Battle of the Little Bighorn - Location Cause &. "Battle of the Little Bighorn - Location, Cause & Significance." History, December 21, 2020. https://www.history.com/topics/native-american-history/battle-of-the-little-bighorn.

"Sir Francis Dashwood," Chilterns National Landscape, July 13, 2022. https://www.chilterns.org.uk/map_marker/sir-francis-dashwood/.

"Society of the Cincinnati," George Washington's Mount Vernon, n.d. https://www.mountvernon.org/library/digitalhistory/digital-encyclopedia/article/society-of-the-cincinnati.

Sohn, Emily. "Why The Great Molasses Flood Was so Deadly." History, August 4, 2023. https://www.history.com/news/great-molasses-flood-science.

Stables, Dan. "The Original Hellfire Club: Where British Elites Practiced Pagan Rites and Bacchanalian Orgies." Fodors Travel Guide, September 27, 2022. https://www.fodors.com/world/europe/england/experiences/news/whats-the-hellfire-club-the-secret-society-of-british-elites-who-performed-pagan-rites.

Stengle, Jamie. "Ghost Army Members Who Deceived Nazis With Battlefield Ruses in WWII Given Congressional Gold Medal." AP News, March 21, 2024. https://apnews.com/article/ghost-army-congressional-gold-medal-ceremony-world-war-ii-7a2deaf1686bca3194d46c77fa0bccb9.

Waxman, Olivia B. "The Most Important Slave Revolt That Never Happened." Time, March 15, 2017. https://time.com/4701283/denmark-vesey-history-charleston-south-carolina/.

Fuentes de imágenes

[1] *Rolf Müller, CC BY-SA 3.0 <http://creativecommons.org/licenses/by-sa/3.0/>, a través de Wikimedia Commons:https://commons.wikimedia.org/wiki/File:Mount_gulian_fishkill_closeup_2006.jpg*

[2] *Daderot, CC0, a través de Wikimedia Commons: https://commons.wikimedia.org/wiki/File:Badge_of_the_Society_of_the_Cincinnati,_c._1783,_gold_and_enamel_-_Cincinnati_Art_Museum_-_DSC04560.JPG*

[3] *Andrew Smith / Abadía de Medmenham: https://commons.wikimedia.org/wiki/File:Medmenham_Abbey_-_geograph.org.uk_-_762469.jpg*

[4] *Neil Rickards de Londres, Inglaterra, CC BY 2.0 <https://creativecommons.org/licenses/by/2.0>, a través de Wikimedia Commons: https://commons.wikimedia.org/wiki/File:Hellfire_Caves_tunnel.jpg*

[5] *https://commons.wikimedia.org/wiki/File:Slaveshipposter.jpg*

[6] *Jud McCranie, CC BY-SA 4.0 <https://creativecommons.org/licenses/by-sa/4.0>, a través de Wikimedia Commons: https://commons.wikimedia.org/wiki/File:Igbo_Landing_area,_Glynn_County,_Georgia,_US.jpg*

[7] *https://commons.wikimedia.org/wiki/File:The_Englishmen%27s_arrival_in_Virginia_(1590).jpg*

[8] *https://commons.wikimedia.org/wiki/File:A_popular_history_of_the_United_States_-_from_the_first_discovery_of_the_western_hemisphere_by_the_Northmen,_to_the_end_of_the_first_century_of_the_union_of_the_states;_preceded_by_a_sketch_of_the_(14781233224).jpg*

[9] *Nesnad, CC BY 4.0 <https://creativecommons.org/licenses/by/4.0>, a través de Wikimedia Commons: https://commons.wikimedia.org/wiki/File:Darestone.svg*

[10] *https://commons.wikimedia.org/wiki/File:Undergroundrailroadsmall2.jpg*

[11] *https://commons.wikimedia.org/wiki/File:LauraSmithHaviland1910.png*

[12] *https://commons.wikimedia.org/wiki/File:Jermain_Wesley_Loguen_(grabado).png*

[13] https://commons.wikimedia.org/wiki/File:John_P._Parker_House_from_northwest.jpg

[14] https://commons.wikimedia.org/wiki/File:DummyShermanTank.jpg

[15] https://commons.wikimedia.org/wiki/File:Ghost_Army_Medal.jpg

[16] https://commons.wikimedia.org/wiki/File:Nort10d.jpg

[17] https://commons.wikimedia.org/wiki/File:Emperor_Joshua_A._Norton_I.jpg

[18] https://commons.wikimedia.org/wiki/File:The_Cow_Boy_1888.jpg

[19] https://commons.wikimedia.org/wiki/File:PearlHart.jpg

[20] https://commons.wikimedia.org/wiki/File:Annie_Oakley_by_Baker%27s_Art_Gallery_c1880s-crop.jpg

[21] https://commons.wikimedia.org/wiki/File:Pearl_Hart_in_Jail_Cell.jpg

[22] https://commons.wikimedia.org/wiki/File:Eleanore_dumont.jpg

[23] https://commons.wikimedia.org/wiki/File:Josephine_Sarah_Marcus_1880.png

[24] https://commons.wikimedia.org/wiki/File:Wyatt_and_Josephine_Earp_1906.jpg

[25] https://commons.wikimedia.org/wiki/File:North_End_molasses_tank.jpg

[26] https://commons.wikimedia.org/wiki/File:BostonMolassesDisaster.jpg

[27] https://commons.wikimedia.org/wiki/File:Boston_1919_molasses_disaster_-_el_train_structure.jpg

[28] https://commons.wikimedia.org/wiki/File:Charles_Marion_Russell_-_The_Custer_Fight_(1903).jpg

[29] https://commons.wikimedia.org/wiki/File:Little_Big_Horn.jpg

[30] https://commons.wikimedia.org/wiki/File:Apache_chieff_Geronimo_(derecha)_y_sus_guerreros_en_1886.jpg

[31] https://commons.wikimedia.org/wiki/File:Geronimo%27s_grave_taken_in_2005.jpg

[32] https://commons.wikimedia.org/wiki/File:JimCrowInDurhamNC.jpg

[33] https://commons.wikimedia.org/wiki/File:TulsaRaceRiot-1921.png

[34] https://commons.wikimedia.org/wiki/File:Tulsa_Aftermath.jpg

[35] https://commons.wikimedia.org/wiki/File:Captured_Negros_on_Way_to_Convention_Hall_-_During_Tulsa_Race_Riot,_June_1st,_1921_(14412915233).jpg